Infância e suas linguagens

Dados Internacionais de Catalogação na Publicação (CIP)
(Câmara Brasileira do Livro, SP, Brasil)

Infância e suas linguagens / Marcia Aparecida Gobbi, Mônica Appezzato Pinazza (Orgs.). — São Paulo : Cortez, 2014.

Vários autores.
Bibliografia.
ISBN 978-85-249-2207-7

1. Arte na educação 2. Educação de crianças 3. Infância 4. Linguagem 5. Pedagogia 6. Professores - Formação 7. Sociologia educacional I. Gobbi, Marcia Aparecida. II. Pinazza, Mônica Appezzato.

14-05713 CDD-372.21

Índices para catálogo sistemático:

1. Educação infantil 372.21

Marcia Aparecida Gobbi
Mônica Appezzato Pinazza
(Orgs.)

Infância e suas linguagens

1ª edição
6ª reimpressão

CORTEZ EDITORA

INFÂNCIA E SUAS LINGUAGENS
Marcia Aparecida Gobbi, Mônica Appezzato Pinazza (Orgs.)

Capa: aeroestúdio
Preparação de originais: Ana Paula Luccisano e Solange Martins
Revisão: Maria de Lourdes de Almeida
Composição: Linea Editora Ltda.
Coordenação editorial: Danilo A. Q. Morales

Direitos para esta edição
CORTEZ EDITORA
Rua Monte Alegre, 1074 – Perdizes
05014-001 – São Paulo – SP
Tel. (11) 3864-0111 Fax: (11) 3864-4290
E-mail: Cortez@cortezeditora.com.br
www.cortezeditora.com.br

Impresso no Brasil — abril de 2023

Sumário

Prefácio
Tizuko Morchida Kishimoto ... 7

1. Linguagens infantis: convite à leitura
Marcia Aparecida Gobbi e *Mônica Appezzato Pinazza* ... 11

2. Infâncias e suas linguagens: formação de professores, imaginação e fantasia
Mônica Appezzato Pinazza e *Marcia Aparecida Gobbi* ... 21

3. O direito das crianças de sonhar
Juan Mata ... 45

4. Corpos e danças na educação infantil
Isabel Marques ... 73

5. Os traços invisíveis nos desenhos das crianças
Gianfranco Staccioli ... 95

6. Papel em branco
Edith Derdyk 127

7. A "didática da maravilha": um novo paradigma epistemológico
Elisabetta Nigris 137

8. Crianças pequenas e grandes, brasileiras e italianas: encontros da pedagogia da infância com a arte
Ana Lúcia Goulart de Faria 155

Sobre os Autores 171

Sobre os Tradutores 173

Prefácio

É com grande alegria e satisfação que apresento o prefácio da obra *Infância e suas linguagens*, que trata a criança como produtora de cultura, vista como sujeito situado social e historicamente, ativa e com direitos. Pensar na criança como agente, mas ao mesmo tempo mediada pela cultura, significa optar por um caminho — o da expressão de linguagens — dentro de critérios de qualidade. Essa é uma escolha paradigmática, que se afasta de pedagogias transmissivas ou espontaneístas, que busca um caminho participativo, de escuta das crianças, de suporte da cultura e de envolvimento em projetos colaborativos.

Fruto de um seminário internacional, com a participação de especialistas do campo das linguagens do Brasil, da Itália e da Espanha, o livro conduz a reflexões de natureza política e valorização do campo das Artes, da Literatura e de outros conhecimentos. Essa perspectiva assenta-se na compreensão de que o imaginário, o lúdico e a "expressão" de um ato, que passa pela experiência, são carregados de emoções, de sentimentos e significados e são essenciais para a condição humana de um ser simbólico.

Discutir a ação das políticas de educação para a infância é fundamental para garantir a expressão das linguagens, pois o governo é um crítico componente do sistema de educação infantil porque pode determinar níveis de qualidade para esses serviços. No entanto, em um sistema de governo federalizado, a ampliação dessa medida cabe aos governos locais, os responsáveis pela condução das instituições de educação para a infância. Outra frente de batalha inclui, ainda, os cursos de formação para a infância e seus currículos, que separam os conhecimentos, que não integram os saberes com a vida, que postulam a descontinuidade entre os conhecimentos aceitos como "científicos" e os provenientes das Artes e da Literatura.

A valorização das linguagens infantis a partir da experiência, envolvendo a dança, o desenho, a literatura, se enquadra no pensamento de John Dewey, que elimina dicotomias, não separa o pensamento da arte e situa a criação artística e o pensamento como portadores de estética. Arte e pensamento, pela experiência, possibilitam em um processo contínuo reflexões do material ao ideal, expressam emoções, ideias conscientes, comunicam e culminam em descobertas. Assim, pela experiência, os atos de expressão que utilizam a dança, a música, o desenho, o gesto, que iniciam com uma impulsão, diferenciam-se a partir da experiência passada e se juntam com a nova, em um processo que não é simples junção, mas uma recriação, em que o material antigo ganha nova vida.

Em decorrência, as linguagens provenientes da Arte são frutos da interação contínua e cumulativa de um eu orgânico com o mundo, e não se pode educar sem ela, se o que se deseja é formar seres capazes de criar significados. Essa perspectiva requer, segundo os autores da obra, a visão das crianças como "cientistas-artistas", de meninos e meninas que construam suas identidades, que possuam formas diferentes de conhecer o mundo, que imaginem, sonhem e fantasiem, de crianças que circulem por outros mundos, de corpos que dancem, que vivam experiências, que sintam o prazer do traço invisível ou que tenham oportunidade para inserir suas representações sobre papel em branco. Mas requer, ainda, adulto inventivo e brincalhão, que interaja e escute as crianças, que ofereça suporte cultural e se maravilhe com as ações desses pequenos seres, que embora vulneráveis, são criativos e competentes, desde que se conceda sua forma de conhecer o mundo, por meio de linguagens outras, das cem linguagens mencionadas por Loris Malaguzzi em livro *As cem linguagens da criança.*

Essa forma de conhecer o mundo é viabilizada pelo lúdico, pela autonomia do brincante de decidir, ter agência, de compartilhar, de aprender com outros e de expressar significados. A valorização do lúdico neste milênio, na perspectiva de Boaventura de Sousa Santos, ultrapassa fronteiras dos vários campos do conhecimento. A metáfora lúdica vista como essencial nos tempos atuais tem assento nas áreas da Filosofia, Antropologia, Sociologia, Linguística, Psicologia, Pedagogia, Artes, Literatura, penetra e circula pelas mídias tecnológicas e no seio das culturas da infância, dando sustentação para que as linguagens possam se embeber do imaginário, do prazer e do encantamento. A leitura deste livro, um convite para reflexões conjuntas sobre a infância e suas linguagens, destina-se aos que compartilham do pressuposto de uma infância digna e com saberes, e que possibilite às crianças a expressão do que lhes é de direito — as múltiplas linguagens.

Tizuko Morchida Kishimoto
São Paulo, 19 de abril de 2012

1

Linguagens infantis: convite à leitura

Marcia Aparecida Gobbi
Mônica Appezzato Pinazza

As formulações relativas à educação infantil de boa qualidade adotam como base o conceito de criança como um sujeito situado social e historicamente, que vivencia e produz bens de cultura ao compartilhar contextos distintos de vida com seus pares e com os adultos (Dahlberg, Moss e Pence, 2003). Vista em suas possibilidades físicas, cognitivas, afetivas e sociais, a criança é considerada um ser ativo, capaz de participar do processo educativo com seus conhecimentos e experiências e de alcançar, progressivamente, a autonomia. Deixa, portanto, de ser pensada como um projeto de homem futuro para ser vista como alguém hoje, ser ativo e sujeito de direitos, bem como de suas ações.

Por conseguinte, na concepção de práticas pedagógicas destinadas às crianças pequenas, torna-se essencial a revisão dos conceitos de cuidado e educação, superando as concepções assentadas na histórica polarização custódia (tutela) — instrução (escolarização). Em vez disso, a educação deve ser pensada como promotora das aprendizagens infantis, comprometida com o respeito às manifestações das múltiplas linguagens das crianças e, assim, preocupada em garantir a meninas e meninos espaços e meios em que suas expressões linguageiras possam estar presentes, sendo compreendidas em sua inteireza e complexidade por todos.

Tais preceitos podem ser encontrados na base de recomendações expressas nos textos dos mais relevantes documentos oficiais que procuram traçar uma política pública de boa qualidade para a educação infantil, sobretudo, a partir da década de 1990.

Entre as diretrizes pedagógicas anunciadas pelo documento *Política nacional de educação infantil* (Brasil, MEC/SEF/Coedi, 1994), está a promoção da melhoria de qualidade mediante uma educação integral pautada na promoção e na ampliação das experiências e dos conhecimentos infantis, traduzida em ações que, entre outras coisas, "ofereçam oportunidades várias que desafiem o raciocínio e permitam à criança descobrir e elaborar hipóteses, porque é neste embate que ela percebe o sentido e o significado do mundo que a cerca e elabora sua identidade" (ibid., p. 17), como também, "respeitem e incorporem a diversidade de expressões culturais existentes na sociedade, dando oportunidade à criança de acesso a um universo cultural amplo, rico, estimulante e diversificado" (ibid., p. 18).

No mesmo ano de 1994, o MEC publica o documento *Critérios para um atendimento em creches que respeitem os direitos fundamentais das crianças* (reeditado em 2009), em que uma série de condições de atendimento é destacada como forma de assegurar os direitos das crianças pequenas. Entre os critérios, consta: *nossas* "crianças têm direito a desenvolver curiosidade, imaginação e capacidade de expressão" (Brasil, MEC/SEF/Coedi, 1994, p. 20), que se traduz em uma série de proposições reveladoras dos direitos das crianças, tais como:

> nossas crianças têm oportunidade de ouvir músicas e de assistir a teatro de fantoches; nossas crianças são incentivadas a se expressar através

> de desenhos, pinturas, colagens e modelagem em argila; nossas crianças têm direito de ouvir e contar histórias, nossas crianças têm direito de cantar e dançar; nossas crianças têm livre acesso a livros de história, mesmo quando ainda não sabem ler (ibid., p. 21).

Em consonância com o artigo 29 da Lei de Diretrizes e Bases da Educação Nacional (LDBEN) n. 9.394/96, que define a educação infantil como primeira etapa da educação básica e com a finalidade de promover o "desenvolvimento integral das crianças até seis anos de idade, em seus aspectos físico, psicológico, intelectual e social", e o Plano Nacional de Educação, Lei n. 10.172, de 9 de janeiro de 2001, que assume a posição defendida em âmbito internacional relativa à importância da educação infantil na "formação integral da pessoa, no desenvolvimento de sua capacidade de aprendizagem e na elevação do nível de inteligência [...]", os documentos legais que sucederam só vieram a fortalecer a ideia de uma política pública de educação infantil de boa qualidade, pautada na valorização das experiências infantis em todos os aspectos.

O texto que anuncia as *Diretrizes curriculares nacionais para a educação infantil* (Brasil, MEC/CNE, 1999), instituídas pela Resolução CNE/CEB 1/1999 (revistas em 2009, pela Resolução n. 5, de 17 de dezembro de 2009), indica entre os fundamentos norteadores das propostas pedagógicas de qualidade para a educação infantil os *princípios estéticos* da sensibilidade, da criatividade, da ludicidade, da qualidade e da diversidade de manifestações artísticas e culturais.

> As Propostas Pedagógicas para as instituições de Educação Infantil devem promover, em suas práticas de educação e cuidados, a integração entre os aspectos físicos, emocionais, afetivos, cognitivo/linguísticos e sociais da criança, entendendo que ela é um ser total, completo e indivisível. Desta forma, ser, sentir, brincar, expressar-se, relacionar-se, mover-se, organizar-se, cuidar-se, agir e responsabilizar-se são partes do todo de cada indivíduo, menino ou menina, que desde bebês vão, gradual e articuladamente, aperfeiçoando estes processos nos contatos consigo próprios, com as pessoas, coisas e o ambiente em geral (ibid., p. 12).

Da mesma forma, os *Parâmetros nacionais de qualidade para a educação infantil* (Brasil, MEC/SEB, 2006) destacam os princípios éticos, políticos e estéticos em que devem se assentar as propostas pedagógicas das instituições de educação infantil. O princípio estético será contemplado na medida em que a educação da criança assegure "o exercício progressivo da sensibilidade, da criatividade, da ludicidade e da diversidade de manifestações artísticas e culturais" (ibid., p. 31).

No documento *Indicadores da qualidade na educação infantil* (Brasil, MEC/SEB, 2006), elaborado sob a coordenação do Ministério da Educação, por meio da Secretaria de Educação Básica, traz a contribuição de muitos especialistas que, debruçados sobre as discussões acumuladas sobre a qualidade da educação infantil, destacaram aspectos merecedores de foco nas instituições de educação infantil em seus processos de autoavaliação em busca de "práticas que respeitem os direitos das crianças e ajudem a construir uma sociedade mais democrática" (ibid., p. 24). Entre as dimensões encontra-se a *Multiplicidade de experiências e linguagens*, em que se destacam 6 indicadores: 1. crianças construindo sua autonomia; 2. crianças relacionando-se com o ambiente natural e social; 3. crianças tendo experiências agradáveis e saudáveis com o próprio corpo; 4. crianças expressando-se por meio de diferentes linguagens plásticas, simbólicas, musicais e corporais; 5. crianças tendo experiências agradáveis, variadas e estimulantes com a linguagem oral e escrita; 6. crianças reconhecendo suas identidades e valorizando as diferenças e a cooperação.

Ao afirmar que a criança é detentora de cem linguagens, Loris Malaguzzi, expoente mentora das práticas educativas que se desenvolveram na região de Emília-Romanha, na Itália, e que se difundiram por todo o mundo, trouxe uma perspectiva inovadora da arte, em seu sentido mais ampliado, como fundamento da pedagogia da infância e, por conseguinte, numa concepção particular de formação docente dos profissionais envolvidos com a primeira infância (Edwards, Gandini e Forman, 1999). A arte que se traduz nas diversas manifestações: nas narrativas, nas histórias, nos desenhos, nas dramatizações, nas pinturas, nos movimentos, enfim, em todas as expressões possíveis do pensamento e que, uma vez apreendidas pelo adulto atento e pela própria criança, num esforço documental, podem servir de suporte a experiências cada vez mais elaboradas, enriquecidas, porque ganharam significação, nos termos expressos por Dewey (1959, 1967).

Trata-se do sentido de inserção cultural da criança, nos moldes defendidos por psicólogos como Bruner e Vigotsky, não como mera expectadora, mas como construtora de significados para as coisas que vivencia em suas relações com o mundo desde o nascimento.

Essa perspectiva remete ao investimento nas linguagens artísticas na educação da primeira infância e, por conseguinte, na formação de profissionais docentes para essa faixa etária, o que já está arraigado nas realizações do centro-norte da Itália e na Espanha.

Embora existam fartas recomendações de especialistas e mesmo de legisladores brasileiros em favor de se conceber uma prática de educação infantil assentada na exploração das múltiplas linguagens e das expressões artísticas, há ainda muito pouca produção na literatura nacional trazendo as expressões artísticas e sua documentação como eixos fundamentais da educação das crianças pequenas. O campo está carente de debates que tragam em pauta as realizações que estão mais arraigadas em outros países para dialogarem com os movimentos já presentes em âmbito nacional, em contextos de trabalho e pesquisa.

Pode-se afirmar que a proposta do livro *Infância e suas linguagens* coaduna-se a todo o processo de debates nacionais e estrangeiros que têm nas dimensões artístico-culturais e linguagens infantis um dos fundamentos para a formação de profissionais que atuam na área da infância, bem como pesquisadores e demais interessados em conhecer as crianças a partir de suas inúmeras formas de expressão. Além de terem nos estudos sobre diferentes linguagens das crianças uma frente de defesa de os direitos de meninas e meninos manifestarem-se desde que nascem e as terem compreendidas no cotidiano de forma igualitária e não hierarquizada.

Um dos objetivos deste livro é provocar discussões que permitam instigar a percepção sobre como meninas e meninos, desde que nascem, criam, manifestam-se e dialogam com as realizações dos adultos em diferentes campos, como literatura, artes plásticas, dança, desenho e tantas outras. Na composição dos capítulos, temos a presença constante da criança nas abordagens dos pesquisadores, que preocupados com a interlocução arte, infância e linguagens infantis, há tempos debruçam-se sobre esta temática e prestam aqui profundas e fecundas contribuições. Por ter sido resultado de Seminário Internacional coordenado pelas autoras do livro, optamos por manter nos capítulos a mesma ordem tal como apresentados no seminário, objetivando ensejar ainda mais o debate e manter-se fiel ao pensamento e diálogo originalmente estabelecidos entre os participantes durante a apresentação nas mesas.

Marcia Aparecida Gobbi e Mônica Appezzato Pinazza, em "Infâncias e suas linguagens: formação de professores, imaginação e fantasia", discutem, a partir de autores clássicos das áreas de pedagogia, ciência e arte, a relação possível entre elas na formação das crianças desde bem pequenas, como direito e expressão de modos de ver e estar no mundo, bem como de profissionais que atuam diretamente com a infância em todas as faixas etárias.

O professor Juan Mata da Universidade de Granada, no capítulo "O direito das crianças de sonhar", traz a imaginação em interlocução profunda e poética com a literatura. Para esse pesquisador, as linguagens artísticas e suas manifestações entre as crianças devem ser asseguradas, como afirma (2009), de forma que "todas as melhores linguagens do mundo adulto devem dialogar com a infância, devendo as linguagens artísticas ser presenteadas às crianças".

Isabel Marques, reconhecida pesquisadora brasileira, relaciona dança à educação infantil no capítulo "Corpos e danças na educação infantil". Isabel se propõe a dialogar sobre o papel da linguagem da dança na educação de crianças, considerando que essa área de conhecimento tem um papel muito importante para a infância dos(as) pequenos(as). Corpos que dançam podem vivenciar possibilidades de criação, de autoria, de protagonismo. A dança pode favorecer a educação de corpos que sejam lúdicos, relacionais, críticos. Corpos que dançam de forma criativa, autoral, lúdica, relacional e crítica poderão constituir redes de relações sociais.

Em "Os traços invisíveis nos desenhos das crianças", de Gianfranco Staccioli, professor da Universidade de Florença, vê-se maior preocupação com a relação estabelecida entre os desenhos e demais expressões artísticas das crianças, voltando-se para a imaginação, fantasia, incentivo às pesquisas pessoais realizadas pelos(as) pequenos(as) enquanto desenham ou pintam em atividades diversas que promovem também o cultivo de olhares diferentes para a interpretação e criação nessas linguagens. Metáforas visuais, imaginação e fantasia são suas palavras de ordem e esboçam sua constante preocupação.

"Papel em branco", título do capítulo de Edith Derdyk, artista plástica, ilustradora e pesquisadora, nos mostra em relação poético-filosófica o desenho criado por crianças e adultos. Provoca-nos com diversas questões sobre educação e infância e modos de ver de ambos quando o assunto é desenho e formação humana do indivíduo. Ao criticar a visão platônica cartesiana que impõe cisões na constituição do homem, relaciona-as à ausência de manifestações expressivas, em especial do desenho, que resultou de processos educativos castradores de imaginação e fantasia tornando a todos cindidos. Em tantas provocações boas para pensarmos, nos diz da urgência em questionarmos as cisões provocadas e trazermos uma concepção de homem integral em todos as suas dimensões, que conhece o mundo e o expressa com todos os seus sentidos.

Elisabetta Nigris, da Universidade Bicocca de Milão, apresenta-nos original contribuição para o campo dos estudos da didática em relação à infância e à arte. Em "A 'didática da maravilha': um novo paradigma epistemológico", mostra-nos, numa perspectiva que se pauta na criança, que tanto na educação e arte quanto na educação científica, grandes cientistas-artistas e crianças nos convidam aos mesmos sentimentos de estupor, de maravilha, de descoberta que caracterizam suas experiências de vertigem e risco relacionadas a investigações e conhecimentos profundos. Procura apresentar-nos pesquisas italianas que abordam diferentes procedimentos didáticos que têm no estupor e na maravilha seus grandes motes.

Ana Lúcia Goulart de Faria, criancista e criançóloga[1] brasileira, apresenta-nos no capítulo "Crianças pequenas e grandes, brasileiras e italianas: encontros da pedagogia da infância com a arte". Registra aspectos do debate mantido com Elisabetta Nigris no Seminário Internacional Infância e suas Linguagens, origem deste livro. Ressalta o compromisso com a formação e a relação entre conhecimentos oriundos de diferentes áreas de conhecimento, destacando as artes e as ciências.

Com o objetivo de ensejar discussões e debates sobre questões relacionadas à infância, arte, ciência, formação de professores(as), apresentamos o livro *Infância e suas linguagens.* Acreditamos e esperamos contribuir para que tais temáticas — inseparáveis no processo de constituição humana — estejam presentes em nosso cotidiano desencadeando outros livros e seminários. Como diria Mário de Andrade (1998, p. 79), que tenhamos as artes espalhadas em nosso cotidiano como o ar que respiramos, e diríamos mais, somando à fala do poeta, que se esparramem sem divisões, sem hierarquias de classe, gênero ou etnia.

Referências

ANDRADE, Mário. *Cartas a Anita Malfatti.* São Paulo: Forense Universitária, 1998.

BRASIL. Lei de Diretrizes e Bases da Educação Nacional n. 9.394/96. *Diário Oficial da União*, Brasília, 20 dez. 1996.

______. Campanha Nacional pelo Direito à Educação. *Consulta sobre qualidade da educação infantil*: o que pensam e querem os sujeitos deste direito. São Paulo: Cortez, 2006.

---

1. Permitindo o neologismo necessário para a criação de palavras que sintetizem aspectos das práticas de militância e pesquisa da autora.

BRASIL. Lei n. 11.274/2006. Diretrizes e Bases da Educação Nacional. Dispõe sobre a duração de 9 (nove) anos para o ensino fundamental, com matrícula obrigatória a partir dos 6 (seis) anos de idade. Brasília, 6 fev. 2006.

______. MEC/SEF/COEDI. *Critérios para um atendimento em creches que respeitem os direitos fundamentais das crianças*. Brasília: MEC/SEF/Coedi, 1994.

______; ______. *Política nacional de educação infantil*. Brasília: MEC/SEF/Coedi, 1994.

______; MEC/CNE. *Diretrizes curriculares nacionais para a educação infantil*. Brasília: MEC/CNE, 1999.

______; MEC/SEB. *Indicadores da qualidade na educação infantil*. Brasília: MEC/SEB, 2009.

______; ______. *Parâmetros nacionais de qualidade para a educação infantil*. Brasília: MEC/SEB, 2006. v. 2.

DAHLBERG, G.; MOSS, P.; PENCE, A. *Qualidade na educação da primeira infância*: perspectivas pós-modernas. Porto Alegre: Artmed, 2003.

DEWEY, John. Democracia e educação. *Atualidades pedagógicas*. São Paulo: Companhia Editora Nacional, 1959. v. 21.

______. *Experiencia e educación*. 9. ed. Buenos Aires: Losada, 1967.

EDWARDS, C.; GANDINI, L.; FORMAN, G. *As cem linguagens da criança*. Porto Alegre: Artmed, 1999.

FRABETTI, Roberto et al. *Il nido e il teatro*: adulto e bambino: un rapporto da soggetto a soggetto. Bolonha: Pendragon, 2000.

GANDINI, Leila; GOLDHABER, Jeanne. Duas reflexões sobre a documentação. In: ______; EDWARDS, Carolyn. *Bambini*: a abordagem italiana à educação infantil. Porto Alegre: Artmed, 2001.

MANFERRARI, Marina; FRABETTI, Roberto. *Un alfabeto di 21 lettere*: appunti de un percorso tra il nido e il teatro. Bolonha: Pendragon, 2006.

STACCIOLI, Gianfranco. *Infanzia con arte al museo*. Reggio Emilia: Edizioni Junior, 2004.

2

Infâncias e suas linguagens:
formação de professores, imaginação e fantasia

Mônica Appezzato Pinazza*
Marcia Aparecida Gobbi**

Numa época em que os progressos científicos e tecnológicos levam a uma transformação das condições de vida, torna-se impossível captar a realidade em seu movimento rapidíssimo sem uma fantasia poderosa e aberta aos seres paradoxos. A imaginação fantástica pode tornar-se um guia para a ação mais eficaz do que o simples raciocínio lógico no mundo de hoje e, sobretudo, no de amanhã.

Mário Schenberg

* Profa. Dra. do Departamento de Metodologia de Ensino e Educação Comparada — FE-USP.
** Profa. Dra. do Departamento de Metodologia de Ensino e Educação Comparada — FE-USP.

Gostaríamos que este texto fosse lido e compreendido como uma defesa, assim como foi o Seminário Internacional Infância e suas Linguagens. Luminosa defesa da imaginação, da fantasia e da criação *poiética* de meninas e meninos desde que nascem e de adultos e adultas que, inventivos e brincantes, têm na imaginação e na fantasia elementos mobilizadores para prosseguir seus caminhos e deslocar suas crenças aparentemente imutáveis.

Iniciamos então este texto-defesa, texto-lembrete no qual se procura coadunar infância, arte e ciência manifestas em suas linguagens na maneira como se relacionam com o mundo. Enfatiza-se a infância, procurando nela o modo de ver e apreender aquilo que a criança investiga, cria, manifesta em suas tantas linguagens de forma um tanto "leonardesca". A tríade infância-arte-ciência constitui-se como grande desafio à compreensão, resultando do desejo por conhecer crianças e seus processos criadores para além de resultados escolarizados daquilo que projetam, inventam e nos mostram em tantas e diferentes formas, e que permitem e instigam a enfrentar estados caóticos ou ordenados da vida e extrair desta muitos sentidos.

As atitudes das crianças frente ao mundo podem ser relacionadas à ação do cientista. Como afirmou Schenberg (1995), trata-se de uma atitude aberta em que a dúvida e as suspeitas sobre as coisas encontram-se com indagações sobre os problemas da vida, não separando forma de conteúdo, de modo a fragmentar a compreensão. Ao contrário, culturas emergem, criam-se e se recriam entre desenhos, danças, sons, pinturas, cantos e movimentos, apresenta-se um mundo dinâmico, cheio de transformação em que ideias densas materializam-se em criações abrangentes, inventivas, motivadoras. A imaginação presente nas crianças e nos adultos é grandemente eficaz para a ação, encontrando-se ao lado, e não acima, do puro pensamento lógico que tanto teimamos impor às crianças, sobretudo de modo escolarizante, demonstrando compreendê-las como incapazes e não em sua inteireza ou plenitude de capacidades em constante ebulição.

A defesa que se faz, neste texto, relativa à linguagem, em suas múltiplas expressões, no plano da educação de crianças, em especial, das crianças pequenas, vincula-se, de algum modo, a argumentações há muito tempo construídas no campo pedagógico e que se destacam pelo desacordo com duas fortes tendências da educação: 1) uma que se pauta pela mera transmissão de conteúdos, de bens culturais; 2) outra que se apoia na valoração exacerbada de certas formas de exprimir o pensamento em detrimento de outras. Recuperam-se aqui, brevemente, pensadores que contribuíram para a percepção atual de crianças que, ativas e sujeitos em seus atos, têm em suas distintas linguagens ricas expressões de experiências, por vezes, ainda desconhecidas. Segue-se o caminho em busca das linguagens infantis como aqueles que reúnem arte-ciência, evidenciadas em experiências e em distintas expressões.

Os apelos por uma prática educativa mais sensível às manifestações plurais do pensamento humano estiveram presentes em diferentes momentos históricos, em que esforços reformadores da educação e da escola ganharam evidência. De forma subjacente às postulações de reforma e renovação, um conceito se destaca: o de educação integral. Sob distintas bases explicativas, condizentes com os referenciais teóricos disponíveis em cada época, até se chegar aos tempos atuais, um dos sentidos dessa expressão (educação integral) traduz-se na crença no potencial humano de se apresentar ao mundo de modo único e, também, de apreendê-lo e transformá-lo com criatividade. Nessa perspectiva, idealizou-se e idealiza-se, ainda hoje, como propósito fundamental da educação a promoção de situações que privilegiem as experiências da criança, visando ao seu desenvolvimento pleno.

Em se tratando da educação de crianças pequenas, talvez as primeiras referências a esse respeito possam ser encontradas na pedagogia da infância de Froebel, que pressupõe a criança como ser criativo e a educação pela autoatividade, pautada na espontaneidade. O educador alemão defende que, pela ação, a criança expressa suas intenções em contato com o mundo externo, e considera que o conhecimento é um processo de conexão que engloba sentimentos, percepção e pensamento.

> A atividade e a ação são os primeiros fenômenos do despertar da vida da criança. Essa atividade e essa ação são, na verdade, a expressão central do interno [...] que aparece em harmonia com sentimentos e percepção, indicando a apreensão e compreensão de si pela criança assim como uma germinação da capacidade individual (Froebel, 1912, p. 23).

Froebel contrapõe-se ao conceito de educação como preparação para um estado futuro. A vida em que a criança deve ser inserida não é a do adulto, mas a vida que a rodeia no presente, ou seja, a educação ocorre no processo, não no passado ou no futuro. Defende uma prática educativa centrada nas atividades espontâneas que aproximam as crianças de situações e ocupações típicas da sociedade a que pertence e da qual deve participar de forma produtiva e criativa (Kishimoto e Pinazza, 2007).

Ao criticar o processo de desenvolvimento intelectual restrito à expressão de ideias apenas por meio de palavras, sugere a importância da experiência de fazer, de usar as mãos, de empregar a expressão plástica, num verdadeiro exercício de integração.

> Então, a representação de objetos pela linha leva logo a criança à percepção e representação da direção na qual age a força. "Aqui flui o riacho" e, dizendo isso, a criança faz uma marca, indicando o curso do riacho. A criança desenha linhas significando uma árvore. "Aqui cresce outro braço e aqui ainda outro" e como fala ela desenha a árvore, e as linhas indicam os ramos (Froebel, 1896, p. 77).

Froebel foi muito além de seu tempo, ao considerar as possibilidades de aliar a música, o poema, os movimentos e as brincadeiras no plano das realizações infantis, tal como aparecem na desconhecida obra *Mutter und Kose-lieder*,[1] que trata das músicas e jogos para

1. *The Mottoes and Commentaries of Friedrich Froebel's mother play* é uma versão traduzida para o inglês e comentada por Susan Blow de *Mutter und Kose-lieder*, com canções adaptadas por Henrietta R. Eliot.

mães e crianças, "um livro para estudar e educar a criança" (Blow, 1896, p. 36), que mereceu quatro versões comentadas e produzidas pela estudiosa da obra froebeliana, Susan Blow: músicas, movimentos e poemas (*The songs and music of Friedrich Froebel's mother play*), simbolismo das brincadeiras (*Symbolic education: a commentary on Froebel's "Mother play"*), carta às mães (*Letters to a mother: on the philosophy of Froebel*) e brincadeiras interativas da mãe com a criança, a chave da filosofia froebeliana (*The mottoes and commentaries of Froebel's mother play*), obras que fazem parte da coleção editada por Harris (Kishimoto e Pinazza, 2007).

Como se vê, na pedagogia de Froebel encontram-se indicações sobre uma educação da infância que deveria contemplar as linguagens integradas da criança, o que traz suas ideias para um diálogo com Dewey, Vigotski e Bruner.

Experiência, atividade da inteligência, arte: a compreensão deweyana

Na filosofia da experiência de John Dewey, a experiência não é simples sensação, fruto do mero contato com os objetos, com seus atributos isoladamente. Na verdade, as experiências efetivam-se pelas relações que as pessoas estabelecem com os objetos e seus atributos em um processo de discriminações e identificações por meio da experimentação. A experiência consiste na combinação "'daquilo que as coisas nos fazem' modificando nossos atos, favorecendo alguns deles e resistindo e embaraçando a outros e 'daquilo que nelas podemos fazer', produzindo-lhes mudanças" (Dewey, 1959, p. 299).

Dewey (1974) explica que uma experiência plena de pensamento, verdadeira atividade intelectual, que se define como "um acontecimento integral", distingue-se, de qualquer outra natureza de experiência, pelo seu fluxo contínuo, por revelar um movimento integrado, completo do início ao fim, sem cisões.

Nesse sentido, a experiência plena, ou como prefere Dewey, "*uma* experiência" é diferente de uma mera atividade, pela sua natureza consciente e pela marca que deixa no indivíduo. Dewey (1974, p. 248) fala que "*uma* experiência" distingue-se por ser uma "lembrança memorável". Explica que

> É possível ser-se eficaz na ação e, não obstante, não se ter uma experiência consciente. A atividade é demasiado automática para permitir o sentido do que é e de onde está sucedendo. Chega a um fim, mas não a um término ou consumação na consciência (Dewey, 1974, p. 250).

Ao refutar a cisão entre ciência e arte, entre a experiência intelectual e a experiência artística, Dewey reconhece a arte como uma atividade intelectual tal como o trabalho científico. Existe em uma e em outra ação a intervenção da inteligência e o duplo caráter de prazer e de "padecer", já que, ao produzir, tanto o artista como o cientista deparam-se com a luta, com o conflito quando em busca da consumação da experiência. Considera a arte como uma experiência integral para o artista. Toda experiência plena, como acontecimento integral (ou *uma* experiência), tem uma qualidade estética que lhe é inerente. O artístico e o estético estão presentes na experiência plena, consciente do criador.

> Um pintor precisa padecer conscientemente o efeito de cada toque de pincel, ou não será capaz de discernir aquilo que está fazendo e para onde se encaminha seu trabalho. [...] Tem de ver cada conexão particular de sofrer e agir em sua relação com o todo que deseja produzir. Apreender tais relações é pensar, e é uma das mais exatas formas de pensamento. A diferença entre as pinturas de diferentes pintores é devida mais a diferenças na capacidade de conduzir tal pensamento do que simples diferenças de sensibilidade à cor e a diferenças na destreza da execução (Dewey, 1974, p. 255).

Essa forma de conceber a arte como experiência é extremamente inspiradora para se pensar sua presença na educação da infância.

Pode ajudar a compreender por que, por exemplo, a proposta de trabalho com desenho com as crianças pequenas pode constituir ou não "*uma* experiência" para elas, ou seja, uma experiência artística em que intervém a inteligência.

Se a criança não for verdadeiramente engajada numa situação em que o ato de desenhar esteja integrado com experiências que o antecederam e não se fizer num fluxo contínuo com outros atos, num esforço de consumação da experiência, então, o que se tem não é "*uma* experiência" com o desenho, mas mera atividade de desenhar. Nesse sentido, não estarão presentes as qualidades artística e estética próprias de experiências plenas no desenho. É pouco provável que o produto seja reconhecido pela criança (a artista) como "*uma* experiência" ou um acontecimento integral.

Naturalmente, esse raciocínio desenvolvido por Dewey serve para outros campos da manifestação da arte: pintura, teatro, literatura, e pode auxiliar educadores e pesquisadores da educação infantil a construir uma crítica mais fiel sobre o que se tem, realmente, praticado com a criança.

Educação estética segundo Vigotski[2]

Ao tratar da educação estética, Vigotski (2005) chama a atenção para a histórica dificuldade de se compreender, na Psicologia e na Pedagogia, a natureza, o significado, os objetivos e métodos da educação estética.

Na compreensão do autor,

> [...] muitos autores se inclinam a negar quase todo o significado educativo às vivências estéticas e à corrente da pedagogia que se vincula

2. Adotou-se a grafia "Vigotski" em conformidade à maneira como aparece na obra considerada neste texto.

> a estes autores e que se desenvolveu a partir de uma raiz comum com estes defendendo a mesma ideia, atribuindo-lhe um significado estreito e limitado à educação estética. Por outro lado, os psicólogos da corrente oposta tendem a supervalorizar desmedidamente o significado das vivências estéticas e pouco lhes falta para ver nestas o meio pedagógico radical que resolve decididamente todos os problemas complexos e difíceis da educação (Vigotski, 2005, p. 355).

Pondera que

> [...] entre estes dois pontos extremos situa-se toda uma série de critérios moderados sobre o papel da estética na vida infantil, a maioria dos quais são propensos a reduzir o significado da estética ao entretenimento e ao gozo. Alguns veem o sentido sério e profundo da vivência estética, quase por toda parte não se fala da *educação estética como um fim em si*, senão só como um meio para alcançar resultados pedagógicos, alheios à estética. Essa *estética a serviço da pedagogia* sempre cumpre encargos alheios e, segundo a ideia de alguns pedagogos, deve servir como meio para a educação do conhecimento, do pensamento e da vontade moral (Vigotski, 2005, p. 355).

Vigotski (2005) remete-se a três tipos de suposições correntes sobre a relação entre a estética e a educação. Destaca, em sua análise, o exemplo do que ocorre com a literatura infantil.

Uma primeira questão levantada pelo autor diz respeito à noção de que uma obra de arte possui um efeito moral, bom ou mau, porém direto, sobre a criança e o jovem. Investe-se nessa crença da valoração desse impulso moral que emerge de cada coisa. Esse tipo de pensamento tem um impacto sobre a literatura infantil, por exemplo, na qual muitas vezes se percebe uma tentativa do adulto em "encontrar" as possibilidades de compreensão que as crianças possam ter das normas morais pretensamente transmitidas por dada obra.

> O adulto esforça-se por imitar a psicologia infantil e, supondo que o sentimento sério não é acessível para a criança, sem atitude nem

> habilidade adoça os eventos e os heróis, substitui o sentimento pela sentimentalidade e a emoção pelo sentimentalismo. O sentimentalismo não é outra coisa que a estupidez do sentimento (Vigotski, 2005, p. 356).

Resulta disso uma postura questionável com respeito às produções destinadas às crianças. Diz Vigotski (2005, p. 356) que "a literatura infantil é comumente um brilhante exemplo de falta de gosto, de alteração profunda do estilo artístico e da mais desoladora incompreensão do psiquismo infantil". A pedagogia que se depreende dessa compreensão é a sistemática destruição do sentimento estético em função do foco no significado moral da obra.

Uma segunda questão considerada por Vigotski (2005) diz respeito à relação entre a realidade e a obra de arte. Defendendo que a obra de arte não representa uma tradução literal da realidade, mas um "produto sumamente complexo de elaboração dos elementos da realidade, fornecendo-lhes um conjunto de elementos totalmente outros", o autor recusa a ideia de se reduzir a arte a uma reprodução do real ou de se delinear a realidade a partir da obra de arte. Explica que com essa forma de proceder na educação, corre-se o risco não só de "permanecer com uma falsa compreensão da realidade, senão também com uma total exclusão dos aspectos puramente estéticos" (ibid., p. 360).

O terceiro erro é que a Pedagogia tende a conceber a estética como uma experiência agradável, reduzindo-a ao prazer que a obra de arte pode dar, e vendo nisso um fim em si. Em outros termos, reduz todo o significado das vivências estéticas ao sentimento de prazer e alegria que estas despertam na criança, não atribuindo outro valor à obra de arte para além da estimulação de reações hedonistas.

O convite feito por Vigotski (2005) aos profissionais da educação da infância é no sentido de valorização da obra de arte naquilo que ela pode suscitar verdadeiramente nas crianças, a despeito dos propósitos impostos *a priori* pelos adultos.

Educação como foro da cultura: contribuições de Bruner

O papel da linguagem na inserção e (re)invenção da cultura destaca-se nos escritos de Jerome Bruner, que a define, ao tratar da educação, como importante foro da cultura.

Distante de uma perspectiva de que a educação constitui mera transmissão de conhecimentos e de valores de pessoas que sabem para as que são desprovidas de saberes, Bruner (2002) expõe a sua ótica sobre a Pedagogia, formulando uma crítica frontal à prática educativa como "cirurgia, supressão, substituição, preenchimento de deficiências ou uma mistura" de tudo isso (ibid., p. 130). Uma simples e, aparentemente, óbvia afirmação de Bruner (2008) de que "ninguém pode prever em que mundo viverão as crianças que educamos", remete o autor a uma importante compreensão:

> Uma mente com potencial de aquisição de informação e a compreensão da potência em ação são os únicos instrumentos que podemos dar às crianças e que, invariavelmente, servirão independentemente das transformações do tempo e das circunstâncias (Bruner, 2008, p. 120).

Deve-se atentar para o fato de que como meio de aquisição de "herança cultural", de acesso à "memória social", a educação não pode prescindir do desenvolvimento dos processos de inteligência que permitam aos indivíduos avançarem para além das formas culturais de seu mundo social, inovando e criando uma cultura própria, para que "qualquer que seja a arte, ciência, literatura, história e geografia da cultura, cada indivíduo tenha de ser seu próprio artista, cientista, historiador e navegador" (ibid., p. 115).

> A educação que dá forma e expressão à nossa experiência também pode ser o principal instrumento para estabelecer limites à mente empreendedora. A garantia contra os limites é a percepção de alternativas.
>
> [...]

> A educação tem, então, de ser não só um processo de transmissão da cultura, mas também um processo que produza visões alternativas do mundo e fortaleça a vontade de explorá-lo (Bruner, 2008, p. 116).

Enfatizando, especialmente, a narrativa, a linguagem oral e o seu lugar na educação, Bruner (2002) lembra que o meio de troca no qual a educação é conduzida — a linguagem — nunca pode ser neutro [...] ele impõe um ponto de vista não apenas sobre o mundo ao qual ela se refere, mas em relação ao uso da mente em relação a esse mundo (ibid., p. 127).

Na compreensão do autor, a maior parte de nossos encontros com o mundo não é um encontro direto. Considera a importante intermediação do meio linguístico na captura das "realidades" do mundo, um mundo que emerge, para nós, como conceitual. Para Bruner (2008), especialmente, em se tratando do mundo social, é mediante a ressignificação das coisas deste mundo, tendo em conta os "crivos" (crenças, valores) das pessoas que nos rodeiam, que conseguimos dar um rumo à condição inicial de caos.

Isso quer dizer que nossas experiências com o mundo são intermediadas pela linguagem, e é essa linguagem que nos permite viver e criar a cultura. Bruner (2002) define a cultura como "um texto ambíguo que precisa ser constantemente interpretado por aqueles que participam dela". Para o estudioso, a linguagem tem um papel constitutivo na realidade social. Diz ele: "As realidades sociais não são tijolos nos quais tropeçamos ou nos contundimos quando os chutamos, mas os significados que conquistamos ao partilharmos cognições humanas" (ibid., p. 128).

O significado das coisas é resultante de partilha e essa partilha faz-se, preponderantemente, intermediada pela linguagem.

> A cultura se encontra em um constante processo de ser recriada à medida que é interpretada e renegociada por seus membros. [...]
>
> [...] a cultura é tanto um fórum para negociação e renegociação de significado e para explicação da ação quanto um conjunto de regras ou especificações para a ação (Bruner, 2002, p. 129).

A educação é apresentada por Bruner como um dos principais foros para a negociação e a renegociação de significados culturalmente construídos, mesmo que, em sua na opinião, faça isso frequentemente de forma tímida.

> É o aspecto de foro de uma cultura que dá a seus participantes (refere-se à educação) um papel na elaboração e reelaboração de uma cultura — um papel *ativo* como participantes, e não de espectadores atuantes que desempenham seus papéis canônicos conforme as regras quando as pistas apropriadas ocorrem (Bruner, 2002, p. 129).

Ao tratar a educação como foro de cultura e a Pedagogia como *locus* da prática de partilha, de negociação e recriação de significados, emerge um(a) professor(a) que nas palavras de Bruner é "um acontecimento humano" e não mero dispositivo de transmissão.

Em uma educação assim concebida, os procedimentos e os materiais prestam-se à transformação imaginativa e à especulação. Nesse sentido, as crianças e os jovens estudantes tornam-se "uma parte do processo de negociação através do qual os fatos são criados e interpretados" (Bruner, 2002, p. 133).

Pensar a educação como via de introdução à cultura é pensá-la como um *locus* de negociação e de recriação de significados em que as múltiplas formas de linguagens: narração de histórias, teatro, expressões plásticas etc. intermedeiam as trocas e permitem a exploração do que Bruner (2002, p. 129) designa de "mundos possíveis".

Imaginação, fantasia, arte-ciência entre as crianças

Durante muito tempo, vingou a ideia de que a presença da imaginação e da fantasia entre as crianças revelava déficit e carência.

Acreditava-se que lhe faltavam pensamentos complexos e elaborados. Concebia-se a infância a partir de pontos de vistas hierarquizados em que as crianças ocupavam espaços inferiores em relação aos adultos que tudo sabiam e controlavam, sendo as ações infantis pouco conhecidas ou mesmo desprezadas. Froebel, Dewey e Bruner, para citar alguns autores aqui já mencionados, apresentam-nos formas de pensar a criança em relação às diferentes possibilidades de ser humano e humanizar-se em situações diversas. Mostram a necessidade de construirmos olhares e práticas que nos capacitem a ver e aprender com as crianças, desde que nascem, rompendo então com propostas e relações verticais em que o pensamento adulto predomina. Provocam a pensar que meninas e meninos são sujeitos culturais, sociais e históricos e tomam para si a vida como grande problema a ser descoberto, vivido, experimentado. Com isso, vivendo e criando distintas experiências, nas mais diversas linguagens, podem passar das investigações às criações artísticas sem constrangimentos, mostrando-nos formas singulares e específicas de relações estabelecidas entre as crianças e com o mundo.

Essa relação, tão fecunda, curiosamente passa a ser observada de modo mais rigoroso recentemente, quando começamos a compreender que infância, ciência e arte compõem uma tríade, e que arte-ciência constitui-se como possibilidade de elaboração de modos de ver e compreender o que as crianças fazem e expressam em sua gramática tão peculiar, sobre a qual ainda temos tantas lacunas a preencher, compreender e conhecer.

O ir e vir no "tudo ao mesmo tempo agora" — passado, presente, futuro — evidenciam lógicas próprias e coexistentes das crianças, rompendo até mesmo com uma concepção linear do tempo. Encontram-se presentes nas linguagens artísticas na infância e entre os adultos, tais como na poesia, na pintura, escultura, teatro, rompendo e nos ensinando a romper com a dicotomia racional-irracional. As crianças em suas experiências revelam-nos o que Bruno Munari (2009) expôs em versos:

Sem razão

1 + 1 = 2
Longe está o sentimento
do cálculo
Amarelo + azul = centenas de verdes
Longe esta a razão
da arte.[3]

Munari (2009) evoca um tempo em que a produção científica e artística apresentava frequentemente conexões entre áreas de conhecimento, sendo a figura de Leonardo da Vinci talvez a que melhor expresse esse exemplo e, no Brasil, a presença de Mário Schenberg, físico que compreende o fazer científico como também intuitivo e artístico, e a arte como prática científica. Temos entre alguns artistas e cientistas a possibilidade de, com seus olhares e práticas, observar as condições necessárias para questionarmos o antagonismo imposto entre arte, ciência e infância e com o qual nos acostumamos a compreender o mundo, meninas e meninos.

É importante refletirmos melhor sobre esse modo de compreender a criança e sobre aquilo que criam diariamente e que passa desapercebido aos nossos olhos e a uma atribuição de valores. Apartá-la da arte e da ciência significa não apenas ignorar suas capacidades, mas também desconsiderar suas ações e criações como autênticos e legítimos atos criadores. Criar, inventar, transcriar como base de sustentação da arte e da ciência estão compreendidos também nas complexas elaborações infantis, nas teorias que inventam como formas únicas de encontrar respostas às experiências que a vida proporciona ou impõe, sem prender-se às garras das especialidades que tanto têm aprisionado, cada vez mais intensamente, os(as) adultos(as), meninas e meninos. A partir e nas relações estabelecidas com os outros, criam e transcriam em seus cotidianos, revelando-se em objetos

3. Tradução livre do italiano feita por Marcia Aparecida Gobbi e pela qual se responsabiliza.

que representam elementos materiais e imateriais da cultura vivida e construída também pelas crianças.

O exercício humano de criação é encarado cotidianamente entre pares ou individualmente. Por trás das ações vistas pelo universo adulto como aparentemente inúteis, encontram-se elementos da cultura vivida e elaborada pelas crianças a partir do sexo, idade, etnia, classe social, religião. Seus segredos existenciais, desejos, hipóteses e teorias, o ato de conhecer e de criar encontram-se de modo concomitante, sendo manifestados em formas e conteúdos diversos.

Quando não se pensa sobre a conduta de meninas e meninos pelos clichês, jargões e imagens tal como fazemos hoje, fiéis seguidores acríticos de imagens que nos são entregues em casa pela TV e outras mídias, temos a possibilidade de expandir nossa capacidade de ver o outro em seu processo criativo, que assim como Picasso afirmou, não resulta de algo previamente decidido, mensurado, mas sofre alterações ao longo de seu curso, e que muda como mudam os pensamentos de cada um e também nas relações estabelecidas com os outros de acordo com o tempo e o espaço para a criação. Desenhar, pintar, dançar são para as crianças, como para os artistas, possibilidades de descobrir, conhecer e aproximar-se, são exercícios de vida nos quais estão contidas a arte e a ciência, podendo ser compreendidas quase numa única palavra: arteciência.

Quando procuramos pensar as crianças e suas manifestações expressivas e artísticas na intersecção arte-ciência, o físico e crítico de arte Mário Schenberg (1987) nos oferece pistas bastante promissoras. Observa que o conhecimento científico deve ser proporcionado pelo desimpedimento da imaginação artística e/ou pela fantasia. Retomando a epígrafe deste texto, é impossível captar a realidade sem uma fantasia poderosa e aberta às maiores contradições. O pensar criativo rompe fronteiras. Para Schenberg (1987), a imaginação fantástica pode tornar-se guia para a ação, sendo tão ou mais eficaz que o simples raciocínio lógico. Chama a atenção para alguns cientistas que são capazes de descobrir e ver coisas que os outros não veem, tal como os artistas que mostrarão isso em suas obras. Diria: assim como as crianças, que, em suas falas e rabiscos, em traçados e danças, mostrarão e nos permitirão descobrir coisas pouco ou nada vistas ou compreendidas por adultos(as).

As crianças em suas diversas maneiras de manifestar curiosidade pelo mundo revelam leituras de mistérios profundos sobre a existência humana. Ajzenberg (1995, p. 30) afirmará, tendo como base o pensamento e obra de Paul Klee, entre outros, que o processo criativo envolve a capacidade de relacionar, associar, ordenar, configurar, selecionar, sintetizar, formar e compreender, e ocorre de forma ainda melhor quando acompanhado de liberdade para elaborar e criar. Meninas e meninos quando juntos em distintas atividades encantam-se nesse processo, tornando visível, em diversas formas, o invisível presente em modos de compreender e estar no mundo. Não se trata aqui de reivindicar o lugar dos(as) adultos(as) para as crianças ao provocar reflexões sobre suas formas de investigar e representar o mundo: ciência e arte — em suas distintas manifestações — impulsionam a conhecer sob outros aspectos aquilo que meninas e meninos inventam, criam e transcriam desde que nascem, considerando a perspectiva de que são sujeitos e autores em diferentes processos.

Compreender as linguagens: um desafio às práticas na educação da infância atual

O que fazer para que o rico e vasto mundo das artes se conecte ao mundo infantil? Como criar relações em que imaginação, poesia, literatura, teatro cheguem às crianças aproximando-se delas? É factível integrar linguagens — ou reintegrar quando trabalhamos numa perspectiva não fragmentada de conhecimento — de modo a compreendê-las também como elaborações em que arte e ciência estejam juntas de modo respeitoso? Retomo novamente Munari (2009):

A arte e os sentidos

Cada meio tem seus limites
A música é cega
A pintura é muda
A escultura é paralítica
Todos porém com hábeis truques
Procuram render-se por completo
A pintura se esforça por dar volume
A escultura quer movimentar-se
A música...
Depois de algumas centenas de anos
Destas acrobacias
O público está habituado a procurar
O volume na pintura
A cor na música
O movimento na escultura.[4]

Pois bem, essa capacidade de transitar e transcriar[5] inerente aos seres humanos, e que se faz presente nas artes e nas ciências, não tem idade para acontecer. Infelizmente, por processos educacionais de características castradoras tais caminhos e potenciais têm sofrido consideráveis diminuições ou são aniquilados. Munari (2009), ao mencionar em sua poesia a coexistência da arte e os sentidos e sua constante mutação, evoca a pensar e iniciar respostas para questões feitas anteriormente; esclarecemos que nos propomos a colaborar com o debate.

---

4. Tradução livre do italiano feita por Marcia Aparecida Gobbi e pela qual se responsabiliza.

5. Tomou-se aqui de empréstimo a definição do poeta Haroldo de Campos, para quem transcriar relaciona-se ao ato de tradução de textos. Neste capítulo, foi ampliada a definição para o mundo compreendido como texto a ser lido, escrito e reescrito por todos. Trata-se de momento no qual não apenas se reproduz o que é visto, mas também em que se podem criar outras formas advindas do tradutor. Este último recria — transcria — o texto, colocando-se também como autor. A criança em relação ao mundo, sujeito que é, transcria e o traduz em suas infinitas formas de ver e deixar suas marcas.

Arte, ciência, infância e suas linguagens constituem por sua vez desafios à nossa compreensão e ainda mais: provocações às práticas pedagógicas daqueles(as) que lidam com a infância, em especial, a educação infantil. Ainda atentas às possibilidades infinitas e fecundas de influência das artes e suas linguagens para compreendermos as crianças e suas linguagens, ressaltamos que no Brasil artistas modernistas e críticos de arte, tais como Mário de Andrade, Mário Pedrosa, Flávio de Carvalho, compuseram um cenário que apontava para a ruptura nos modos de ver as criações infantis. A descoberta surpreendente para os artistas é que as crianças traziam consigo invenções materializadas em formas estéticas capazes de inspirá-los em seus processos de criação. Artistas e crianças têm momentos de coexistência, e os primeiros podem orientar para caminhos originais no que toca às considerações de adultos(as) para aquilo que a criança faz (Gobbi, 2007). É importante observar que temos no Brasil, no início do século XX, aqueles que descobrem aspectos da infância, infelizmente, ainda negligenciados por muitos: a capacidade expressiva que pode em sua complexidade investir-se e embalar processos criadores de outros e não apenas de crianças. Artistas mostram-se embevecidos com a infância em seus momentos de expressão materializada em desenhos e pinturas.

Várias das complexas elaborações das crianças resultam de acurada percepção do mundo que as envolve. São embebidas de espírito plástico que pode ser reelaborado e visto por quem quiser e estiver disponível a isso e a desnaturalizar concepções parciais, limitadas e estereotipadas da realidade circundante. O que essa tríade arte-ciência-infância pode nos oferecer é a produção de novos mundos em que imaginação, intuição, cognição, fantasia e emoção caminhem conjuntamente. Inegável desafio. Inegável desafio ainda para nossos dias, em que a fragmentação e a diluição de sentimentos e percepções encontram-se cada vez mais presentes.

Mário Pedrosa (1995), renomado crítico de arte de meados do século XX, ficou surpreso quando começou a observar as produções em pinturas feitas por meninos e meninas no ateliê do artista Ivan Serpa. Ao discutir sobre a arte como necessidade vital, apresenta suas ponderações sobre as manifestações artísticas como direito de todos, aproximando-se de uma concepção de arte social, avizinhando-se de propostas segundo as quais as artes deveriam estender-se a todos(as). Afirma que a criança na relação com linguagens artísticas vê tudo com ar de novidade, a alegria infantil e seu impeto à descoberta assemelham-se à inspiração e sua capacidade de absorver a forma e a cor. A infância, segundo Pedrosa, era compreendida como estado de genialidade em que se empresta forma aos sentimentos sobre o mundo a partir de investigações empreendidas no cotidiano, no qual materiais diversos encontrem-se disponibilizados e predomine a liberdade para a criação. Preocupa-se com certa atrofia do poder criador quando se insiste na perícia técnica em detrimento de atividades mais abrangentes relacionadas com as características das crianças. Ao mencionar o ateliê do artista Ivan Serpa e sua relação com meninas e meninos que o frequentavam, avaliava como bastante fecunda sua presença não como instrutor, numa perspectiva vertical de relação, mas como companheiro mais velho em idade e que arriscava "um dedo de prosa" com todos os presentes. Pedrosa nos ensina que necessitamos de mudanças e que as crianças, em certa medida, provocam a ruptura com a normatização imposta ao protagonizar cenários com suas criações em pinturas, desenhos, gestos. Afirmou Pedrosa (1995, p. 68):

> Ainda nos encontramos numa civilização que teme a educação dos sentidos e das emoções, que timbra em abafar no homem o impulso espontâneo inicial para criar. Para ter do mundo um conhecimento que não seja a mera acumulação de informações quantitativas sobre as coisas, não basta ao homem atual conhecimento exclusivamente conceitual. Ele carece, como a mariposa carece de luz, do que Simmers chama rebarbativamente de cognição visual. O homem atual é um ser imperfeitamente desenvolvido, pois a educação e o meio a que é submetido lhe embotam o desenvolvimento espontâneo da visão, dos outros sentidos, a sensibilidade.

Mário Pedrosa parece concordar e aprofundar as ideias de Mário Schenberg e Bruno Munari, que chamam a atenção para a importância de coadunarmos arte-ciência-infância, além de nossa ainda grande tarefa: discutirmos sobre a formação e as práticas daquelas(es) que se encontram diretamente envolvidos com a infância procurando compreendê-la numa perspectiva integral e integradora. Não se trata aqui, de modo algum, de apresentar um caráter prescritivo. Contudo, não podemos passar incólumes diante de temática tão fecunda, instigante e fundamental para a formação de profissionais da educação infantil. Se temos clareza das capacidades das meninas e dos meninos em diversas manifestações em suas linguagens, como nos colocamos diante disso? Escutamos, vemos, olhamos, mas, efetivamente, somos levadas a pensar e deslocar sentimentos e situações já naturalizados para outros em que discutamos sobre nossos processos criadores, ou ainda melhor, a poiesis do ato docente entre aqueles(as) que atuam com as crianças? A discussão sobre ciência-infância-arte e suas linguagens não pode deixar ao largo o questionamento, mesmo feito de modo breve, sobre todos os implicados, não escapando, portanto, adultos e adultas.

Arte-ciência e infância e suas linguagens: a quantas anda nosso envolvimento?

Procurou-se aqui provocar a pensar sobre os desafios a serem enfrentados quando se discutem arte-ciência e infância e suas linguagens em profunda e permanente interação, voltando-nos às práticas e relações com as crianças propriamente ditas. Munari (2009), preocupado com a questão, pergunta-se sobre as experiências em que os adultos têm se envolvido no que tange à criação, e ainda mais, quanto às práticas durante as quais as crianças possam ser ouvidas, antecipando já nos anos 1960 questionamentos atuais sobre a garantia de considerarmos as vozes das crianças. Exemplificando tal preocupação, escreve: "oferecemos às nossas crianças situações de experiências conjuntas e sozinhas escutando com paciência suas histórias e, sobretudo, acolhendo com interesse seu repertório?" Munari impressiona, pois há decadas, assim como nossos artistas e cientistas brasileiros, apresentava uma perspectiva de via de mão dupla: as crianças mostram-se aos outros em suas falas e naquilo que criam podendo ter suas manifestações verdadeiramente compreendidas por todos. Munari lembra dos momentos em que as crianças são cobradas para que ouçam as histórias dos mais velhos e, de modo perspicaz, pergunta-se sobre as situações nas quais os mais velhos têm escutado as histórias e lembranças das crianças.

Juan Mata (2008) aproxima-se dessa percepção afirmando que, para tanto, é necessário presentear a todos com as linguagens artísticas e das melhores de modo a provocar os sentidos e a construção de imaginários em que desejos, sensações, invenções estejam ricamente presentes. Quando se favorece o contato entre as linguagens e as crianças e entre elas e os adultos, diferentes modos de ver e compreender o mundo são criados e, com isso, múltiplas formas de expressá-lo. Mata também afirma que, para seguir tal caminho, deve-se questionar a separação entre ética e poética, o mundo racional do mundo da imaginação, atribuindo valores e pesos distintos. Os olhares poético, curioso e investigativo dirão: a metáfora, o símbolo, a alegoria nos mostram que o mundo é de um jeito, mas quando olhamos, ou sentimos, percebemos que pode ser de outro. Construímos significados diferentes e profundos sobre o mundo, mas para tanto é preciso nutrirmos nossas capacidades inventivas, e estas precisam estar em constante relação com os outros na produção de cultura material e imaterial, pessoas de todos os gêneros, credos, etnias, classes sociais.

A partir do esboçado neste capítulo, podemos dizer que arte, ciência e infância encontram-se imbricadas em processos de descobertas do mundo pelas crianças e pelos adultos, sem um modo hierarquizado de conceber o mundo e os processos de criação e experiências que o compõem indistintamente. Mostrou-se aqui a preocupação em atuar favoravelmente em direção à formação daqueles(as) que se encontram com as crianças. Foram reveladas inquietações com os atos criadores no processo de formação docente, mas não só.

Tratando de linguagens e da infância é urgente refletir sobre seu teor, e isso pressupõe disposição para perceber o tipo de comunicação que está presente ou ausente entre as crianças em seus choros, suas falas, seus gestos, desenhos, pinturas, esculturas. É imprescindível que romper com posturas com as quais nos limitamos a tratá-las como mera função fática, vazia de conteúdo informativo, afetivo, cultural, embora acreditando que estamos nos comunicando com as crianças. A função poética de aspecto sensível e que se encontra presente entre as crianças naquilo que fazem passa despercebida daqueles mais velhos que se encontram entre elas. Neste sentido, precisamos ser refinados tradutores e quem compreende tais linguagens, ainda que com muita dificuldade. As crianças, por sua vez, são *designers* de linguagens cabendo ao adulto observar, entender e, ao mesmo tempo, disseminá-las para todos. Elas configuram mensagens. Estando atentos, percebemos que elas trazem e apresentam informações estéticas próprias — traços, cores, formas, linhas, assuntos — nas quais existem elaborados processos de seleção.

Quando uma criança decide pintar seu corpo de determinada cor, ou mesmo seus desenhos, ou quando opta por dançar, movimentando o corpo de maneiras diversas, chegando a elaborar uma coreografia, isso significa sua escolha por algo e alguma forma para expor seu pensamento, seu desejo, suas insatisfações. Constituem códigos e nos revelam. As crianças criam, como num haicai, a representação de mundos e coisas deles, como também sentimentos, emoções, letras e suas formas. Os traços e as configurações que suas composições vão adquirindo mostram suas emoções e abarcam o mundo da imaginação, como numa objetiva que capta aspectos da realidade circundante e o mundo interior, convertendo em matéria visível diferentes formas.

Estando atentos e aproveitando oportunidades, podemos saber sobre teorias, invenções, criações infantis ricamente elaboradas. Atentas, seguindo no caminho com nossos desafios, iremos.

Referências

AJZENBERG, Elza. Schenberg: pensamento estético. In: ______ (Org.). *Mário Schenberg:* arte e ciência. São Paulo: Centro de Documentação e Pesquisa em Artes, ECA-USP, 1995.

BLOW, Susan. The Mottoes and Commentaries of Friedrich Freobel's Mother Play. In: HARRIS, W. T. (Ed.). *International Education Series*. New York/London: D. Appleton and Company, 1896. v. 31.

BRUNER, Jerome. *Realidade mental, mundos possíveis*. 2. reimpr. Porto Alegre: Artmed, 2002.

______. *Sobre o conhecimento*: ensaios da mão esquerda. São Paulo: Phorte Editora, 2008.

DEWEY, John. *A arte como experiência*. São Paulo: Abril Cultural, 1974. p. 244-63. (Col. Os pensadores.)

______. *Experiencia y educación*. 9. ed. Buenos Aires: Losada, 1967.

______. *Democracia e educação*: atualidades pedagógicas. São Paulo: Companhia Editora Nacional, 1959. v. 21.

EDWARDS, C.; GANDINI, L.; FORMAN, G. *As cem linguagens da criança*. Porto Alegre: Artmed, 1999.

FARIA, Ana Lúcia Goulart de. *Educação pré-escolar e cultura*. 2. ed. Campinas: Ed. da Unicamp; São Paulo: Cortez, 2002.

FONTERRADA, Marisa Trench. *De tramas e fios*. São Paulo: Ed. da Unesp, 2005.

FRABETTI, Roberto et al. *Il nido e il teatro*: adulto e bambino: un rapporto da soggetto a soggetto. Bologna: Pendragon, 2000.

FROEBEL, Fredrich. The education of man. In: HARRIS, W. T. (Ed.). *The International Series*. New York/London: D. Appleton and Company, 1912. v. 30.

______. Pedagogics of the Kindergarten: or his ideas concerning the play and plaything of the child. In: HARRIS, W. T. (Ed.). *The International Series*. New York/London: D. Appleton and Company, 1912. v. 30.

GANDINI, Lella; GOLDHABER, Jeanne. Duas reflexões sobre a documentação. In: ______; EDWARDS, Carolyn. *Bambini*: a abordagem italiana à educação infantil. Porto Alegre: Artmed, 2001.

GOBBI, Marcia. Ver com olhos livres. In: FARIA, Ana Lúcia Goulart (Org.). *O coletivo infantil em creches e pré-escolas*. São Paulo: Cortez, 2007.

KISHIMOTO, T. M. *A pré-escola em São Paulo (das origens a 1940)*. Tese (Doutorado) — Faculdade de Educação, Universidade de São Paulo, São Paulo, 1986.

______; PINAZZA, Mônica A. Froebel: uma pedagogia do brincar para a infância. In: OLIVEIRA-FORMOSINHO, Júlia; KISHIMOTO, Tizuko M.; PINAZZA, Mônica A. (Org.). *Pedagogia(s) da infância*: dialogando com o passado, construindo o futuro. Porto Alegre: Artmed, 2007. p. 37-63.

MANFERRARI, Marina; FRABETTI, Roberto. *Un alfabeto di 21 lettere*: appunti de un percorso tra il nido e il teatro. Bologna: Pendragon, 2006.

MUNARI, Bruno. *Theoremi sull'arte*. Mantova: Corraini Editore, 2009.

PINAZZA, Mônica A. *A pré-escola paulista à luz das ideias de Pestalozzi e Froebel*: memória reconstituída a partir de periódicos oficiais (1890-1930). Tese (Doutorado) — Faculdade de Educação, Universidade de São Paulo, São Paulo, 1997.

RIZZOLI, Maria Cristina. Literatura com letras e sem letras na educação infantil do norte da Itália. In: FARIA, Maria Lúcia G. de; MELLO, Suely A. (Orgs.). *Linguagens infantis*: outras formas de leitura. 2. ed. rev. e ampl. Campinas: Autores Associados, 2009.

SCHENBERG, Mário. *Pensando a física*. São Paulo: Brasiliense, 1995.

STACCIOLI, Gianfranco. *Infanzia con arte al museo*. Reggio Emilia: Edizioni Junior, 2004.

VIGOTSKI, Liev Semionovich. *Psicología pedagógica*: un curso breve. Buenos Aires: Aique Grupo Editor, 2005.

3

O direito das crianças de sonhar

Juan Mata*

O título deste capítulo parafraseia o título de um livro do filósofo francês Gaston Bachelard, *El derecho de soñar* (1985), em seu conjunto uma apaixonada proclamação dos sonhos diurnos como um traço essencial da natureza humana, uma via de introspecção pessoal e de assombro diante do mundo. Assim, iniciarei estas reflexões sobre a infância, a linguagem poética e os livros com uma referência ao pensamento de Bachelard.

No livro citado, Bachelard apresenta-se como um pensador solitário e feliz, envolvido tanto em meditações sérias como leves, apaixonadas como frias, racionais como imaginativas; que se concede portanto a liberdade de sonhar, o direito de sonhar. Sonhar seria para ele uma forma de filosofar na intimidade, de brincar com belas palavras abstratas, de acreditar e desacreditar, de passar de um estado de

* Professor da Universidade de Granada, Espanha.

ânimo para outro, de surpreender-se diante do novo e do conhecido, de fazer-se perguntas, de duvidar. O filósofo seria alguém que sonha o universo sozinho, um sonhador diurno que sente a necessidade de projetar-se sobre o universo. A meditação primitiva seria aquela que estabelece correspondência entre os assombros pessoais e as maravilhas do mundo, pois ao meditar o filósofo se identifica com o mundo sobre o qual medita, chegando a ser "uma noite na noite".[1] A solidão seria então o estado natural do filósofo, uma vez que é absolutamente necessária para se desligar dos "ritmos ocasionais" e se colocar perante o mundo, mas também perante si mesmo para falar-se sem enganos. Só assim podem ser percebidas nítida e compassadamente as pulsações do universo e as do próprio coração.

Mas esse estado de meditação solitária e maravilhada sobre o mundo deveria ser considerado uma qualidade não só dos filósofos, mas também de todos os seres humanos, independentemente da sua profissão, posto que essa disposição gozosa para a meditação, para a união intensa com o mundo natural, para o estabelecimento de caminhos entre o universo e o pensamento próprio, seria um dos atributos essenciais da humanidade. Esse estado de "devaneio", para usar um conceito-chave de Bachelard (1982), se manifesta na trégua da atividade física, no tempo do descanso, quando a mente fica em repouso e, liberada das urgências e das imposições da realidade imediata, pode "entrar em intimidade" com o universo. As probabilidades, então, de captar a beleza do mundo, de despertar os íntimos desejos de alegria e paz, se multiplicam. Os devaneios ou sonhos diurnos são uma abertura para um mundo belo, para mundos belos. Nasce assim a alegria de filosofar, mas também de imaginar, de regozijar-se com a linguagem, de criar mundos novos. É nesse estado de devaneio, de atenção serena aos signos do cosmos, que pode aparecer a consciência poética, que não é senão um "aumento de luz", um "crescimento do nosso ser", pois toda tomada de consciência, opina Bachelard, acentua a clareza e expande a capacidade de pensar e de sentir. O

1. Os tradutores optaram por traduzir todas as citações e manter as referências bibliográficas no original (N. do T.).

devaneio permite, com toda a força do psiquismo humano, transpor o mundo real e imaginar e desfrutar de mundos possíveis.

A linguagem de Bachelard poderia parecer excessivamente poética e especulativa, mais literária que analítica, paradoxalmente, no entanto, as pesquisas científicas a respeito do funcionamento do cérebro estão ratificando suas reflexões. O neurobiólogo Rodolfo R. Llinás, por exemplo, afirma em seu livro *El cerebro y el mito del yo* (2003) que o cérebro utiliza os sentidos para apropriar-se da riqueza do mundo, mas não se limita a eles. É basicamente um sistema fechado, em contínua atividade, como o coração, que tem a vantagem de poder funcionar muitas vezes ignorando os cinco sentidos. E conclui que "tranquilizante ou não, o fato é que somos basicamente máquinas de sonhar que constroem modelos virtuais do mundo real" (ibid., p. 110). Essa consideração do cérebro como "uma máquina de sonhar" proporciona argumento científico para muitas das reflexões de Bachelard, que fez do devaneio um dos fundamentos de sua filosofia.

O assombro das palavras

A alegria de se maravilhar não se dá somente diante das belezas do mundo, também nos maravilhamos com imagens poéticas criadas pelos seres humanos. A poesia, por exemplo, nos oferece a oportunidade de nos surpreendermos com palavras comuns que, graças às imagens criadas pelos poetas, são dotadas de um novo rosto, de uma nova vida, de novas afinidades. A poesia limpa as palavras familiares, as irmana de forma imprevista com outras, lhes dá uma liberdade extrema. Os poetas nos fazem sonhar com a palavra poética. Mas o devaneio poético requer, segundo Bachelard, uma atitude sempre afirmativa, de entrega. É preciso estar predisposto ao júbilo: "Para quem quiser sonhar bem, é preciso dizer: comece sendo feliz. Então o devaneio cumprirá seu verdadeiro destino: converter-se em devaneio poético: graças a ele e nele tudo se torna belo" (Bachelard, 1982, p. 27). A percepção da beleza não pode ser de forma alguma um ato passivo, mas a manifestação de uma energia que "dá testemunho de uma alma que descobre seu mundo, o mundo em que gostaria de viver, onde merece viver" (ibid., p. 32). A imagem poética é consequência da consciência dos limites, da esperança de algo melhor. Os devaneios poéticos nos liberam e nos consolam, sondam um futuro, ampliam nossa vida, nos preparam para os encontros futuros, "nos ajudam a viver o mundo, a viver a felicidade do mundo" (ibid., p. 43). Graças aos devaneios "imaginamos mundos onde nossa vida teria todo o esplendor, todo o calor, toda a expansão possível" (ibid., p. 44). Se nos entregamos ao devaneio poético é porque reconhecemos seu poder benéfico, compensador. Enquanto transcorre, nos desprendemos transitoriamente dos pesados lastros diários, das gravidades que nos paralisam, e isso nos conforta. Felicidade, beleza e desejo são, por isso, termos irmanados com o devaneio. Nas argumentações de Bachelard é perceptível o eco dos esboços de Sigmund Freud sobre a relação entre poesia, fantasia e devaneios ou sonhos diurnos.

E onde encontrar a necessária provisão de imagens poéticas? A resposta de Bachelard é clara: nos livros. A eles é necessário recorrer se queremos entrar no vasto tesouro da imaginação poética, a *poeticosfera* universal. A escrita torna possível a transmissão dos devaneios poéticos e a leitura é a forma mais simples de recepção. Os leitores fazem do ato de ler uma forma de vida, pois ao ler têm a oportunidade de participar do devaneio alheio, que, como dissemos, é uma forma de tomada de consciência, de ampliação do universo íntimo. Um devaneio não pode ser contado, deve ser escrito com emoção e alegria para ter pleno sentido, de modo que aquilo que os poetas oferecem ao leitor são amostras de "amor escrito". Os poetas expressam seu gozo e preparam os leitores para o gozo poético. A descoberta, ou seja, a leitura de uma comovedora imagem poética desperta no leitor seus desejos íntimos de ser poeta, de escrever. Os leitores sabem que de algum modo as imagens lhes dizem respeito. O prazer de ler parece então um reflexo do prazer de escrever. A repercussão, palavra muito querida por Bachelard, de uma imagem poética em um leitor afeta, pois, sua intimidade a partir do momento em que põe em movimento toda a atividade linguística. Os leitores sentem que a imagem cria raízes em sua consciência e em sua língua, que os expressa com clareza, que faz crescer em seu interior um inédito poder poético. Desse modo, a imagem poética "cria ser". Bachelard reafirma a concepção aristotélica do *logos*, que o conceitua como uma característica especificamente humana. A palavra constrói e define o homem, de modo que toda atividade com o *logos* é uma atividade em prol do humano. E a imagem poética, como acontecimento do *logos*, cumpre essa função inovadora. Por isso Bachelard reivindica a "leitura feliz", essa que se faz por puro prazer, com uma mistura tanto de orgulho como de entusiasmo. A leitura, graças à aceitação e à repercussão das imagens poéticas, permite viver o não vivido, abrir-se para as complexidades da linguagem. A leitura não é somente receber, mas acolher. E para acolher como se deve as palavras alheias é necessária uma predisposição de hospitalidade. Quer dizer, é preciso ter vontade de ler. O desejo de ler deve ser prévio a qualquer leitura, é o que deveríamos ter antes de abrir um livro. "Os livros são, pois, nossos verdadeiros mestres de sonhar. Sem uma total simpatia pela leitura, por que ler?" (Bachelard, 1982, p. 313).

A imaginação poética, como faculdade do psiquismo humano de criar imagens reveladoras e emancipadoras, obviamente não é para Bachelard (1975) puramente brincadeira, uma capacidade menor, mas uma "potência maior da natureza humana". É uma atividade psíquica fundamental do ser humano porque diz respeito às formas de perceber a vida e de recriá-la. Mas se a imaginação pode criar imagens poéticas também predispõe para recebê-las. A imaginação poética do escritor aviva a imaginação poética do leitor, o faz se sentir criador, embora para receber todo seu benefício seja necessário um impulso de simpatia à imagem poética, simpatia que é inseparável da admiração. Assim, pois, as imagens comprometem o ser, aumentam a linguagem e a liberam de sua função utilitária. Nesse sentido, tanto o filósofo como o poeta são "sonhadores de palavras", e é nesse território do devaneio onde Bachelard tenta superar a antítese entre a razão e a imaginação, entre as imagens e os conceitos. Ler, enfim, seria um modo de alentar os devaneios, de tomar contato com a dimensão poética da língua, de afiançar a possibilidade de outros mundos.

Os dons da língua

Mas essas reflexões podem ser aplicadas à infância? Naturalmente que sim. Seria um grande erro pensar que a capacidade de devanear é patrimônio exclusivo dos adultos e que as crianças, devido à sua própria condição, estão alheias a ela. As crianças não só não estão excluídas das relações com a linguagem poética, tal como descritas por Bachelard, como também podem ser suas destinatárias e maiores beneficiárias.

A relação com a língua poética normalmente é considerada de duas maneiras: uma pragmática (a vinculação entre um contato precoce e rico com a língua e o posterior êxito escolar e social) e outra mais improdutiva (a consideração da língua como puro objeto de brincadeira e prazer). E embora seja difícil dissociar ambos os domínios, pois na infância as duas modalidades aparecem harmoniosamente integradas, vamos abordá-los separadamente.

Algumas das causas dos problemas de muitas crianças para a aprendizagem da leitura e da escrita devem ser buscadas em contatos iniciais com a língua materna elementares ou deficientes. As diferenças existentes entre crianças cuja primeira infância se desenvolveu em um entorno pleno de experiências relacionadas com a leitura e a escrita e aquelas que careceram dessas oportunidades são notáveis. As crianças que se viram rodeadas de livros desde o primeiro momento, que desfrutaram da leitura de textos ilustrados feita por adultos, que conversaram a respeito dos textos lidos, que receberam estímulos quando tentaram ler e escrever por sua própria conta, que participaram com alegria de jogos de linguagem etc. desenvolveram muito mais capacidades linguísticas que aquelas que não cresceram em um entorno tão rico e alentador, e seu sucesso na aprendizagem da leitura e da escrita foram também superiores. Uma das atividades mais enfaticamente defendida nesse sentido é a narração ou leitura de histórias. As numerosas oportunidades de dialogar, perguntar e solucionar dúvidas, oferecer e receber informação a respeito das palavras e dos textos, refletir a fundo sobre as histórias, relacionar as narrações com a própria vida etc. que essas experiências compartilhadas propiciam são sumamente vantajosas, pois, além do prazer que proporcionam, repercutem positivamente em um progressivo domínio da língua e nas posteriores aprendizagens escolares, sobretudo na leitura e na escrita. As pesquisas realizadas nesse campo revelaram que experiências literárias ricas e precoces — sobretudo as que giram em torno da leitura de livros ilustrados, do uso de rimas e jogos de linguagem ou da conversa — antecipam uma prazerosa relação com a língua escrita, o que tem impulsionado numerosas iniciativas dirigidas a alertar as famílias e os professores de educação infantil sobre a importância pedagógica de atividades literárias que, ademais de puro divertimento, proporcionem às crianças ferramentas para conquistas posteriores.

Mas essa relação precoce com as histórias e os sons das palavras, além de ser causa do sucesso na aprendizagem da leitura e da escrita, propicia também uma forma de prazer baseada no puro desfrute das manifestações mais gozosas da linguagem. A psicologia e a psiquiatria têm ressaltado a importância desses primeiros, livres, emotivos e desinteressados encontros com a linguagem para o desenvolvimento psíquico da criança. Ponderam a necessidade de se tomar contato com esses dons gratuitos da linguagem desde o princípio da vida, pois veem nisso não só uma forma de evitar o fracasso escolar, mas também uma via de domínio da língua e apreço por ela com notáveis consequências.

Um conceito muito valorizado por muitos dos pesquisadores que se têm ocupado dos primeiros contatos infantis com a linguagem é o de "gratuidade". É utilizado para garantir uma das condições fundamentais que deveriam sustentar essas relações primordiais. Trata-se de que as crianças aceitem que paralelamente à língua prática e funcional, utilizada para regular e satisfazer as necessidades cotidianas, existe outra que não serve para nada útil e imediato, que é supérflua e que só tem sentido na brincadeira e no afeto. Os próprios bebês, nos solilóquios que fazem nos momentos de calma e bem-estar, dão mostras do prazer que lhes causa a repetição melodiosa e ensimesmada dos sons da língua. Mas é através do intercâmbio verbal prazeroso com o seu entorno, principalmente com a mãe, que vão desenvolver essa consciência. É nesse âmbito que se inscrevem os diversos jogos de palavras, canções, parlendas, rimas, trava-línguas, histórias... que afiançam e ampliam a comunicação entre as crianças e aqueles que as cuidam. Esses jogos linguísticos são universais e demonstram que o uso livre, leve e despreocupado da língua a transforma não só em um objeto de comunicação, como também em matéria de prazer. Quer dizer, referem-se à dimensão poética do psiquismo humano. Para que as crianças possam se apropriar satisfatoriamente da língua oral e escrita, é necessário livrar esses aprendizados de seu caráter estrito e utilitário e fazê-las ver que algumas atividades podem ser feitas por nada, por puro gosto. Aquilo que não é necessário tem, no entanto, uma função determinante, pois é preciso que, como parte de seu aprendizado, se interessem por coisas que não são indispensáveis para elas, por discursos que não são os seus ou que não entram diretamente em suas necessidades. Esses exercícios linguísticos são uma forma de apropriação da linguagem do imaginário, que não está determinado por exigências materiais e pertence, portanto, a uma dimensão poética da vida, dominada pelo gratuito, pelo supérfluo, pelo puramente agradável. A intuição dessa possibilidade é decisiva para entrar com proveito nos domínios da língua escrita.

Mas para que as crianças desfrutem dessa experiência é necessário que a linguagem tenha entrado previamente no espaço de suas brincadeiras. É preciso que seus jogos incluam também a linguagem, para que ao mesmo tempo que pulem, se fantasiem ou embalem um boneco possam também escutar e responder às parlendas, às canções, aos trava-línguas ou às histórias. E isso desde os primeiros momentos da vida. Para tanto, é necessário que os adultos iniciem os bebês no amplo universo da palavra poética. Dessa maneira, a linguagem é construída como uma forma de brincadeira, desprovida de outra intenção senão a do prazer compartilhado. As palavras, ou melhor os sons e os jogos que envolvem, são fonte de alegria, de tempo sem pressa, de troca afetiva. Essa função lúdica da linguagem influi decisivamente nos bebês, pois de modo indefectível associam essa língua inicial a momentos de suma felicidade.

Marie Bonnafé (2008) apoia a necessidade de que os adultos, em suas relações com os bebês, não usem a linguagem só para informar, pedir ou prescrever, mas que a usem também como uma forma de brincar, como um modo gratificante de relação mútua, pois esses emotivos intercâmbios verbais, nos quais o som precede o sentido, que não podem ser totalmente compreendidos sem os gestos, movimentos corporais, carícias, expressões faciais, olhares, onomatopeias, melodias, ritmos... que os acompanham, são transcendentais para seu desenvolvimento psíquico. Com essas primeiras manifestações literárias, plenas de rimas e inflexões rítmicas, é possível realizar as mais diversas funções: assinalar, enumerar, nomear, mimar, mostrar, consolar... E é certo que todas as crianças, independentemente de seu meio familiar, reagem com satisfação às primeiras canções e histórias que lhes são oferecidas.

A afirmação de Bonnafé parte da constatação de duas formas opostas da língua. Uma, que poderia ser chamada de *factual* e é empregada nas situações correntes, manifesta-se de modo incompleto e entrecortado, omite partes da enunciação, aparece pouco estruturada. É basicamente útil, econômica. Os interlocutores, em geral, conhecem a situação em que é utilizada e suprem as insuficiências linguísticas observando-se mutuamente. O contexto lhes ajuda a interpretar o que não é dito. Mas paralelamente a essa língua, que está amarrada aos acontecimentos imediatos e práticos, desdobra-se outra que, ao contrário da anterior, é mais coerente, mais estruturada, se expande com mais perícia. É a língua da *narração*, cujas características estão mais próximas da língua escrita que da língua oral. Possui sequências mais bem construídas, desenvolve-se com mais coerência, põe em jogo recursos mais complexos e refinados. Para ser atraente, no entanto, requer sobretudo certa curiosidade estética. As crianças ficam fascinadas por essa modalidade da língua, que se apresenta sempre inseparável do afeto, e vão incorporando gradualmente seu léxico e suas construções sintáticas à sua própria linguagem. Essa língua lhes proporciona também referências literárias e poéticas para comentar seus atos, e lhes permite utilizar personagens das narrações para falar de si mesmos. O relevante é que, na consciência das crianças, logo se assenta a ideia da existência dessas duas formas de falar, duas modalidades da língua com estruturas, entonações e funções distintas. E é a presença dessa outra língua distinta da fatual que alenta o imaginário infantil. Essa língua fala de mundos invisíveis e desconhecidos, propõe novos questionamentos, apresenta personagens assombrosos, revela fatos inéditos. As crianças compreendem rápido que essa língua que as encanta, percebida de vez em quando nos lábios dos adultos, está sobretudo nos livros. E não é necessário que compreendam totalmente uma história para que ela lhes dê prazer. Basta que uma palavra, uma imagem, uma cor, uma personagem... atraiam sua atenção para que imediatamente um livro se torne indispensável para elas. Daí a necessidade de proporcionar-lhes desde bem cedo os instrumentos necessários para que se apropriem dessa língua, para servir-se dela a fim de construir seu mundo interior e explorar o mundo exterior. Em lugar de pretensão didática ou prática, deveríamos fazer chegar os livros às crianças para dar-lhes a oportunidade de sonhar, de pensar poeticamente, de emocionar-se, de expandir seu pequeno mundo, de impulsionar suas fantasias.[2]

Simular a realidade

Como já destacado reiteradamente, o gosto pelas ficções pode ser considerado como um prolongamento do prazer das brincadeiras infantis. Não foram poucos os autores que destacaram a correlação

2. Esta constatação levou René Diatkine e Marie Bonnafé a criar então o ACCES (*Actions Culturelles Contre les Exclusions et les Ségrégations*), cujo objetivo primordial era tornar os livros presentes na vida do maior número de bebês para prevenir futuros fracassos na aprendizagem da língua escrita, mas também favorecer o diálogo entre adultos e crianças, ajudar o afiançamento de sua personalidade, propiciar sua inserção social. Isto é, contribuir para mitigar os efeitos negativos da carência desses estímulos verbais precoces (N. do A.).

entre as atividades lúdicas das crianças e as atividades poéticas ou artísticas dos adultos.

Sigmund Freud (1984) destacou essa relação ao comparar a criança que brinca ao poeta que cria. Em ambos os casos, tanto na brincadeira como na poesia, os sujeitos criam mundos fantásticos e os habitam com paixão sem por isso confundi-los com a realidade. "Talvez seja lícito afirmar que toda criança que brinca comporta-se como um poeta, criando-se um mundo próprio ou, mais exatamente, situando as coisas do seu mundo em uma ordem nova, agradável para ela" (Freud, 1984, p. 10). Mas essa feliz atividade infantil vai se dissipando à medida que a realidade vai impondo seu peso. Os adultos renunciam à brincadeira, mas é tão intensa a lembrança do prazer das brincadeiras da infância que o que se faz é buscar substituições ou transferências. Então as fantasias humanas, que Freud denominou devaneios ou sonhos diurnos, por oposição aos sonhos propriamente ditos, pertencentes ao âmbito noturno, viriam a ocupar o lugar que antes pertencia à brincadeira. Nos adultos, as fantasias seriam uma espécie de substituição da brincadeira infantil. As artes constituiriam assim um território intermediário entre a realidade que nega desejos e o mundo da fantasia que os realiza, de modo que, como a adaptação à realidade implica certa renúncia ao prazer, a obra literária permitiria, por um mecanismo subsidiário, recuperar parte do prazer reprimido. As fantasias que dão origem à obra literária seriam, pois, modos de impugnar e modificar a realidade externa. Porque o oposto da brincadeira não é a seriedade, mas a realidade.

Nesse mesmo sentido, Donald W. Winnicott (1979) considera que os atos criativos e recreativos dos seres humanos, incluídas as experiências culturais, são uma continuação dos fenômenos transicionais e das brincadeiras da infância. A seu ver, a brincadeira se produz em uma região situada no "espaço potencial" que existe entre o indivíduo e o ambiente, entre a realidade psíquica pessoal ou interna e o mundo da realidade compartilhada. Quer dizer, encontra-se fora do indivíduo, mas não é integralmente o mundo exterior. Essa "terceira zona" situada entre o sujeito e o objeto, que para Winnicott era absolutamente necessária para o início da relação entre a criança e o mundo, e onde tem lugar a brincadeira, se conserva ao longo da vida nas experiências que correspondem às artes e à religião, à vida imaginativa e ao labor científico criador. É nesse espaço intermediário entre o subjetivo e o que se percebe de forma objetiva, entre o *dentro* e o *fora*, onde tem lugar também a verdadeira vida, onde o ser humano passa grande parte do seu tempo, onde impera a imaginação e se lida com símbolos, particulares ou convencionais, que facilitam o conhecimento da realidade e a gradual consecução da autonomia pessoal. É o *lugar* onde estamos quando brincamos, mas também quando lemos um livro, escutamos música, contemplamos uma pintura, assistimos a uma apresentação teatral, participamos de uma cerimônia, jogamos xadrez..., quer dizer, quando nos divertimos ou fantasiamos. Para Winnicott não existe a menor dúvida da continuidade entre os fenômenos transicionais, a brincadeira, os jogos compartilhados e as experiências culturais da humanidade.

A leitura teria lugar nessa "terceira zona", pois supõe a aceitação e a entrada em mundos fantásticos criados por outros, mas em cujo âmbito nos sentimos felizes e protegidos. Essa evasão não é, no entanto, definitiva, mas transitória, e por isso mais cedo ou mais tarde é necessário retornar à realidade. A fantasia ajuda a suportar a realidade mas não a substitui totalmente. Como afirma o psiquiatra Carlos Castilla del Pino (1994), com as fantasias conscientes ou substitutivas e as fantasias inconscientes cada sujeito constrói seu próprio "espaço imaginário", sempre singular, que constitui uma substituição do espaço real ou uma compensação "das mínimas possibilidades de ação no mundo real" (Castilla del Pino, 1994, p. 350). Desse modo, tanto quem escreve como quem lê têm a oportunidade de *viver* imaginariamente seus desejos, de suprir mediante a fantasia a inação do mundo empírico. A catarse,[3] que Jean Piaget (1982) destacou como uma característica da brincadeira, seria então uma das consequências

3. A catarse, conceito elaborado por Aristóteles em sua *Poética*, refere-se aos benefícios emocionais tanto da música como da tragédia e deve ser entendida como uma purgação ou contenção das paixões. Não difere muito da função libertadora que Freud atribuía à obra lite-

da leitura, pois graças à identificação emocional do leitor com o personagem se produz um alívio das tensões que afligem o primeiro. As informações fornecidas pela psicologia e pela psicanálise ajudam a entender a função psíquica da leitura e a atitude do leitor. Os significados do brincar infantil e sua contiguidade com as experiências culturais da sociedade permitem avaliar de forma mais fértil a importância da leitura e da literatura no desenvolvimento da infância.

Paul Ricoeur (1996) sustenta que o envolvimento emocional com o destino de algum personagem ou com o desenvolvimento de alguma trama narrativa ou teatral supõe a elaboração de julgamentos de ordem moral, exige algum tipo de opção ou tomada de posição. Ao se sentir afetados, ou seja, implicados, os leitores ou espectadores podem examinar sua própria conduta, afiançar ou retificar seus sentimentos, operações mentais que os empurram para a virtude. A catarse poderia então ser considerada uma modalidade de aprendizagem, pois a agitação da consciência confere às representações poéticas uma dimensão cognitiva e ética. Portanto, essas representações não só serviriam para aliviar as tensões provocadas pela realidade insatisfatória, como também ajudariam a entendê-la melhor. Constituiriam uma fonte de conhecimento e não uma mera via de escape.

No caso das crianças, além de assombro ou consolo, as narrações e os versos lhes proporcionam entendimento e não as desviam, de forma contrária ao que comumente se proclama, do caminho do pensamento, nem as cegam para a compreensão da vida. Em vez disso, fazem com que seu mundo interior surja mais transparente e que as árduas relações com a realidade externa se tornem mais acessíveis, mais intensas, mais satisfatórias. O mecanismo essencial da transação entre o mundo do autor e o do leitor seria, pois, a identificação, a vontade de se colocar no lugar de outro, a aceitação por parte do ouvinte ou do leitor da "realidade" dos personagens até o extremo de torná-la sua. Essa projeção dos sentimentos particulares nos sen-

---

rária. O prazer gerado pela catarse, mediante a excitação dos afetos da compaixão e do temor, é da mesma índole que o prazer psíquico que a psicanálise atribui à obra de arte (N. do A.)

timentos de outros, de sentir com outros ou por outros, requer viver transitoriamente como real o que é representado, de imaginar-se na mesma situação dos protagonistas, fictícios ou verdadeiros, da trama. Tal como reconhecido pela neurobiologia, o fantasiar não pode ser entendido como uma função menor, quase uma deficiência, da mente humana, mas como uma atividade essencial dela. O neurocientista V. S. Ramachandran (2008) afirma a esse respeito que a arte pôde evoluir como uma forma de simulação de realidade virtual. A imaginação teria permitido "testar os cenários em uma simulação interna sem incorrer nos gastos de energia ou nos riscos de um teste real" (Ramachandran, 2008, p. 61). O espaço imaginário, do qual se participa de modo voluntário e fugaz, atuaria, portanto, como uma prazerosa substituição do espaço real e, ao mesmo tempo, como uma compensação das restrições impostas pela realidade. Nesses espaços imaginários, povoados pelos inumeráveis personagens, lugares, episódios, animais, objetos... que o intelecto humano foi inventando ao longo dos séculos, as crianças vão se internando paulatinamente, através da palavra oral ou escrita, e sua aventura tem uma função semelhante à da brincadeira infantil, incluindo todos os benefícios psicológicos que dela decorrem. Esse modo indireto, simulado, metafórico de aproximação à realidade ajuda a explorar, entender e assumir com serenidade o complexo mundo da vida.

Metáforas e mundos possíveis

As metáforas impregnam a linguagem cotidiana e seu uso implica determinada visão de mundo da qual o falante nem sempre está consciente. O mundo da pedagogia, sem ir muito longe, está atravessado por metáforas, algumas gastas, outras significativas, outras assépticas. Não é o mesmo, no que se refere à educação, falar de *construir* e de *descobrir* conhecimento; a respeito dos alunos, não é igual falar de *recipientes* a serem preenchidos e de *chamas* que devem ser avivadas. Sem que percebamos, as metáforas se entrecruzam na linguagem, às vezes mumificando conceitos, às vezes fazendo-os rebrotar com novas metáforas. Nem sequer a ciência está livre do seu uso. Grande parte da linguagem científica está impregnada de metáforas e imagens, e é frequente haver uma metáfora nos prolegômenos de uma teoria científica. São poucas as disciplinas acadêmicas que não se enfrentaram com sua análise. No entanto, para além de sua definição, sua história ou de seu significado na linguagem literária, filosófica ou científica, convém reparar em sua importância na construção do pensamento individual e no desenvolvimento da vida social.

George Lakoff e Mark Johnson (1986) propõem que as metáforas impregnam a vida cotidiana de tal forma que não só a linguagem é afetada, mas também os modos de pensar e de agir. As metáforas não são um simples ornamento, um divertimento caprichoso ou estético, mas artifícios que afetam as percepções das coisas, as relações sociais, os conceitos, as experiências diárias. O modo como falamos da realidade é determinado pelas metáforas que usamos, com frequência sem nos darmos conta, pois as metáforas não são um recurso exclusivo da linguagem poética ou literária. A linguagem cotidiana expressa a concepção que temos da realidade, e essa concepção é muito frequentemente de natureza metafórica. As palavras com que caracterizamos e descrevemos nossa vida, e ao mesmo tempo a praticamos, estão carregadas de significados que denotam como a percebemos e conceituamos. Não é a mesma coisa empregar verbos como *perder* ou *desperdiçar* para referir-se ao tempo (conceitos que remetem imediatamente a posse e valor) e empregar outros como *matar* ou *passar* (que se relacionam à destruição e à ociosidade). Mesmo que tentemos manifestar as mesmas ações, os resultados são bem diferentes. A escolha, consciente ou não, de um termo ou de outro estará expressando nosso pensamento sobre a realidade. "É como se a capacidade de compreender a experiência por meio de metáforas fosse mais um dos sentidos, como ver, tocar ou ouvir; como se as metáforas proporcionassem a única maneira de perceber e experimentar muitas coisas no mundo" (Lakoff e Johnson, 1986, p. 283). A linguagem é na verdade uma imensa malha de conceitos metafóricos da qual é praticamente impossível se desprender. O sentido do *espaço*, por exemplo, afeta uma enorme quantidade de expressões cotidianas sobre os mais diversos assuntos: meu filho *se afastou* do bom caminho..., vou explicar isso *passo a passo*..., não *avançamos* muito nesse assunto..., ler é *uma viagem*... Expressar espacialmente a realidade nos oferece uma dimensão da experiência bem diferente daquela que seria proporcionada pelo uso de metáforas da arquitetura: a *estrutura* do argumento, os *alicerces* do saber, as *bases* do bem viver, o *esboço* da atividade.

Metáforas que em dado momento gozaram de extraordinário vigor podem acabar fossilizadas, ou vice-versa. As metáforas facilitam ou estorvam a compreensão: as velhas entorpecem a inovação; as novas abrem novos caminhos. Para distinguir o que está gasto do que é recente, para descobrir como fomos educados para perceber o mundo, é preciso reparar nas metáforas que nos foram legadas e que usamos de modo "natural". Mantê-las pode ser às vezes uma forma de estagnação, substituí-las por outras permitiria pensar e atuar de forma diferente. Mesmo quando pensamos que estamos falando livremente, a maior parte das vezes estamos falando através das metáforas incorporadas parasitariamente na língua. São essas metáforas incrustadas, portanto, que falam por nós, bastaria trocar de metáforas para começar a dizer e pensar as coisas de outra maneira. Mudar as metáforas — *onda* de imigrantes, *choque* de civilizações, *sair* do atraso... — pode começar a mudar o mundo. Estar conscientes do poder das metáforas permitiria pensar a fundo sobre a própria vida, sobre o próprio pensamento. E ao mesmo tempo nos daria também o poder de criá-las e abonar, por conseguinte, uma nova possibilidade de pensar. Se as metáforas herdadas que se assentam na linguagem determinam o pensamento e a ação, seu conhecimento e criação podem também influir na experiência pessoal.

Nelson Goodman (1990) considerou que graças às metáforas era possível, com outros muitos mecanismos, "fazer mundos", uma das qualidades primordiais dos seres humanos. Para Goodman, não há um só mundo preexistente à atividade mental humana e independente da linguagem simbólica humana, mas uma multiplicidade deles. Em que sentido é possível falar da existência de múltiplos mundos reais? Para Goodman um "mundo" é um produto da mente, uma criação que implica operar não com as mãos, mas com as mentes ou, melhor dizendo, com linguagens ou outros sistemas simbólicos. Assim, pois, um mundo, qualquer mundo, é sempre construído com palavras ou outros símbolos. Os sistemas simbólicos e as funções dos símbolos podem por isso ser uma fonte valiosíssima de informação sobre as formas de construí-los. Os "mundos" de um físico, um psicólogo, um romancista ou de um carpinteiro nem sempre podem ser equiparados. As percepções e as versões de uns e de outros diferem sensivelmente. Os mundos são múltiplos e podem ser feitos de muitas maneiras: dividindo, compondo, ordenando, ponderando, completando, suprimindo, deformando... Mas sempre a partir de mundos já existentes. Fazer é, portanto, refazer. O normal é começar "a partir de alguma velha versão ou de algum velho mundo que temos à mão e ao qual estamos atados enquanto não tivermos a determinação e a habilidade necessárias para refazer essa versão ou esse mundo e construir outros novos" (Goodman, 1990, p. 134).

Nesse sentido há maneiras científicas, pictóricas, filosóficas, literárias, musicais... de fazer mundos. Também a percepção e os discursos cotidianos são outras tantas maneiras de fazê-los. Os resultados não só são diferentes, como também frequentemente incompatíveis. Tudo isso afeta a própria natureza do conhecimento. Entende-se que todos os processos de construção de mundos fazem parte do conhecimento, que ao juízo de Goodman não pode se sustentar exclusivamente pela busca da verdade, entendida como a correspondência com um mundo dado de antemão. As ficções — poesia, narrativa, pintura, música, dança... — seriam, consequentemente, um dos vários modos de fazer mundos, e para tanto se usam mecanismos não denotativos, como a exemplificação, ou não literais, como a metáfora. Os mundos da ficção também são feitos de imagens, sons ou gestos que não pertencem a sistemas linguísticos. As imagens pictóricas ou as notas musicais, por exemplo, podem participar na construção de mundos de modo similar ao das palavras. E o certo é que os mundos que os seres humanos habitam são em grande medida tanto consequência do trabalho de romancistas, pintores ou diretores de cinema, como do trabalho de cientistas ou historiadores. Dom Quixote e o quixotismo são tão "verdadeiros" como as fórmulas de Newton, pois, embora sejam construídos com símbolos diferentes, possuem, no entanto, a validade de ajustar-se perfeitamente ao que se referem: o comportamento humano e a descrição do universo físico. No caso da ficção, a verdade metafórica, que nunca pode ser julgada de modo literal (como qualificar uma pessoa como um "Dom Quixote"), repercute claramente no mundo cotidiano. A verdade de uma metáfora, por si mesma, não garante sua eficácia. Existem as triviais, as gastas, as frágeis. Sua potência reside em sua novidade e interesse. A metáfora é uma maneira de fazer com que as palavras tenham pluriemprego ou, como Goodman (1976, p. 83) afirma em outro momento, "ensinar novas artimanhas a uma palavra velha — aplicar uma velha etiqueta de uma nova maneira". Mas quando o esquema de etiquetas da metáfora penetra no mundo real de maneira insólita, tudo o que existe se reorganiza, as coisas se associam de uma nova forma, mundos distantes entram em contato. A metáfora parte de mundos conhecidos e, tal como os métodos científicos, os desfaz, os refaz e os reformula. Em suma, os recria ou, melhor dito, os constrói de novo. É por isso que "a arte não deve ser considerada com menos seriedade que as ciências enquanto forma de descoberta, de criação e ampliação do conhecer, no sentido mais amplo de promoção do entendimento humano" (Goodman, 1990, p. 141).

De tudo isso se deduz que a ficção, mediante a utilização de símbolos e metáforas, contribui de maneira decisiva para o conhecimento humano, a construção de mundos novos a partir da correção, da deformação ou da reordenação dos herdados. E para que serve saber fazer novos mundos? Jerome Bruner (1999) aponta que a elaboração de hipóteses, um dos mais admiráveis dons da mente humana, é o que caracteriza a ficção e, no geral, as humanidades. Essa capacidade é usada também pelos cientistas, mas diferentemente deles, que são obrigados a comprovar e demonstrar suas conjeturas iniciais, os artistas estão livres desse compromisso. As ciências são submetidas a provas para evitar falsidade, ou há a possibilidade de que uma demonstração seja rebatida com argumentos ou exemplos contrários, enquanto os relatos não têm de passar por esse trâmite. E é essa liberdade de gerar hipóteses que permite desenvolver diferentes perspectivas humanas e criar mundos possíveis que respondam a essas perspectivas. O que uma boa narrativa deve procurar é ter correspondência com alguma perspectiva que seja sentida como correta. Não precisa ser verdadeira, mas crível, não precisa ser incontestável, mas verossímil. Esses mundos possíveis devem fornecer dados que enriqueçam a experiência imaginável, pois "o objetivo de compreender os acontecimentos humanos é sentir as alternativas de que dispõe a possibilidade humana" (Bruner, 1999, p. 62). E, ao contrário do que ocorre com as hipóteses científicas, os mundos da ficção não têm por que ser verificados. No entanto, para que esses mundos imaginados sejam aceitos e apreciados é necessário "colocar de lado a descrença", ou seja, o leitor ou ouvinte devem estar dispostos a admiti-los como reais, como evidentes. E para interessar, além da verossimilhança e da credibilidade, devem proporcionar certa surpresa, que não é senão uma transgressão dos modelos de mundo acumulados no sistema nervoso e que são produto da experiência. Modelos que governam a conduta, as percepções, os pensamentos. Costumamos ver o que esperamos ver de acordo com padrões que regulam o previsto. A surpresa se dá quando ocorre algo inesperado, algo que não concorda com os modelos que nos guiam, com nossas expectativas. E nessa estranheza, nesse desarranjo do mundo previsível, reside o valor de uma narrativa e nosso interesse por ela.

E embora as maneiras como se constroem modelos e se criam mundos para entender as relações mutáveis com outros seres humanos sejam diferentes das que são utilizadas para construir modelos sobre o universo físico, a ciência e a arte são afins na medida em que compartilham a produção de hipóteses como a essência de seu trabalho, mesmo diferindo quanto a seus métodos e objetivos. Enquanto o cientista aspira a explicar o universo a partir de princípios duradouros e incontestáveis, o artista cria mundos possíveis transformando metaforicamente o que é ordinário e convencional, e nessa capacidade reside seu mérito. Também os cientistas fazem uso de metáforas nos estágios iniciais de suas pesquisas, para abandoná-las quando podem substituí-las por uma teoria coerente e formal. O romancista, ao contrário, usa a metáfora como instrumento fundamental e permanente. A "realidade" é criada continuamente transmutando realidades anteriores. E fazemos isso a partir dos estímulos de nossos sentidos, dos símbolos culturais herdados, das experiências vicárias da literatura ou da arte, que tem como uma de suas funções estimular a capacidade da mente humana de propor hipóteses, elaborar novas metáforas da experiência humana, construir mundos possíveis. Essa exploração da possibilidade, do que poderia ter acontecido ou seria necessário que acontecesse, de recriação da realidade, é o que daria à literatura seu sentido mais profundo. "A literatura, nesse sentido, é um instrumento da liberdade, da luminosidade, da imaginação e, sim, da razão. É nossa única esperança contra a longa noite cinza" (Bruner, 1999, p. 160).

As crianças devem, portanto, poder crescer conscientes dos muitos modos de usar a língua. Devem saber que a lua é um corpo celeste que atua como um satélite natural da Terra, que gira ao redor dela e que é vista porque reflete a luz do Sol, mas também que pode ser um espelho, ou o relógio do céu, ou a escotilha do barco da noite. E devem sabê-lo porque, além dos dados objetivos e verificáveis, devem poder conhecer os recursos que as línguas idealizaram para ir afinando um olhar poético, metafórico e emocional sobre a própria vida e os seres humanos. Devem poder crescer, em suma, conhecendo os recursos da língua para criar e recriar mundos, para imaginá-los e senti-los como uma bela possibilidade.

Sonhar como um direito

A educação linguística e literária, a leitura e a familiaridade com as metáforas e as expressões poéticas da língua permitiriam romper por sua vez com preconceitos, convencionalismos, despotismos, limitações, mandatos da tribo, do grupo, da família ou do clã. Michèle

Petit (2001) propõe que o conhecimento e o exercício dessas capacidades humanas sejam considerados um direito cultural, equiparável ao direito ao saber e à informação, ao conhecimento da própria história, à construção da própria identidade com palavras escritas em outra época ou longe do lugar onde se vive... Acredita que a leitura pode contribuir para o afiançamento desse direito. Seus estudos antropológicos com jovens de bairros da periferia de Paris a fizeram compreender que as vidas de muitos deles estão presas em um mundo de normas rígidas, submetidas aos ditames e preconceitos do clã, da família ou da tradição, e que só a leitura abre, para aqueles que se atrevem a praticá-la, uma possibilidade de escapatória, de ruptura. Para tanto, é preciso ser capaz de imaginar outras realidades, ser capaz de desejá-las. Essa possibilidade de transgressão pode ser elaborada de múltiplas maneiras, utilizando tudo o que o indivíduo percebe, mesmo que de modo fragmentado: pedaços de filmes, programas de televisão, histórias de família, frases dos professores, cenas de rua... Mas também com as imagens e as palavras oferecidas pelos livros. Porque é precisamente a estranheza que elas provocam e o distanciamento transitório de suas vidas o dom mais apreciado. A leitura pode ajudar os jovens presos em um presente sem futuro a delimitar um espaço íntimo a salvo dos determinismos sociais ou das vontades coletivas. A consolidação desse espaço pessoal, no qual é possível o exercício livre da dúvida, da fantasia e da infração, é a única possibilidade de imaginar e ambicionar outros mundos. A experiência poética se revelaria assim como uma oportunidade para ensaiar a probabilidade e a ousadia, para tatear outras vidas possíveis. E conclui:

> Eu acredito que o devaneio de um homem, de uma mulher ou de uma criança que leram possui também uma riqueza diferente do devaneio daquele ou daquela que nunca fizeram isso; o devaneio e consequentemente a atividade psíquica, o pensamento, a criatividade. As palavras adquirem outras ressonâncias, despertam outras associações, outras emoções, outros pensamentos (Petit, 2001, p. 148).

Esse argumento pode ser corroborado por aqueles que, a partir da atividade docente, comprovam que a introdução da linguagem poética e literária em vidas quase condenadas à frustração íntima e ao fracasso social, com a fecundação de seus pensamentos com palavras e textos distantes de sua experiência imediata, pode contribuir para interromper o caminho inexorável rumo à desolação. Essa incitação a ultrapassar as fronteiras do que é próprio para ir ao encontro do desconhecido e alheio é, além disso, o trabalho mais admirável realizado diariamente pelos professores que amam e confiam em sua matéria. É, no fundo, o que dá sentido à educação, o que justifica a leitura. Quando as crianças leem, ou escutam uma história ou um poema, ou assistem a uma apresentação teatral, entram em contato com mundos linguísticos criados por outros, com ficções e imagens idealizadas por outras mentes. Encontram-se com manifestações da linguagem às quais, se não fosse por essas experiências, dificilmente teriam acesso. E não só por sua idade, mas porque, em parte, o léxico da literatura ou do teatro ou da poesia não pertence à linguagem cotidiana, mas sobretudo porque mesmo que as palavras das narrativas possam ser comuns e correntes, a linguagem poética lhes confere outra luz, outra textura, outro significado. Adquirem características poéticas, encantam de forma irresistível, permitem olhares inéditos sobre o mundo. A narração, o teatro, a poesia... as transformam em palavras maravilhosas, eufônicas, enigmáticas, evocadoras. Para a maioria dos seres humanos, e inclusive para as crianças, presa irremediavelmente no visgo de uma língua banal e cotidiana, a incursão no território estranho da poesia mais profunda representa uma ocasião para o desapego, para uma reflexão sobre si mesmos. Significa ter uma oportunidade para a emancipação.

É importante, portanto, ajudar as crianças a ir além do sentido literal das palavras, introduzi-las na dimensão poética da linguagem. É necessária a vontade dos adultos de ensinar os mais jovens a atravessar o umbral do significado comum das palavras — bosque, boneca, peixe, ancião, oceano, rosa, nuvem... — e aventurá-los no mundo dos símbolos. É seu dever tornar os mais jovens partícipes da carga metafórica que as palavras podem ter: um barco é um barco, mas também uma representação da liberdade, um cavalo é um cavalo mas também uma imagem do vento em turbilhão, um rio é um rio mas também um símbolo do curso da vida. Isso permitiria às crianças aprender a ultrapassar o valor denotativo e pragmático das palavras. Para isso são necessários explicações e diálogo, estímulos para a livre interpretação e a criação. E essa exigência não é de caráter escolar ou meramente recreativo, mas ético. Não deveríamos permitir que a infância carecesse de oportunidades de se relacionar com a linguagem de forma feliz, maravilhada, criativa, libertadora. Não podemos condená-la a usos primários ou simplistas da língua. Devemos propiciar o encontro e a imbricação das crianças com as metáforas, as rimas, as onomatopeias, os símbolos, os jogos de linguagem, as polissemias..., pois isso lhes permitiria uma relação mais aberta e complexa com o mundo.

Há, finalmente, razões de caráter emocional que justificam a promoção da linguagem poética. Kieran Egan (1991) concebe a narração não só como um instrumento para organizar significativamente os acontecimentos e as ideias, mas também como uma forma de indagação dos afetos. A narração proporciona coerência, continuidade e conexão aos acontecimentos da experiência, mas também contribui para dar respostas emocionais a tudo isso.

> Um aspecto crucial dos relatos consiste em que são as narrações que orientam nossas respostas afetivas diante dos acontecimentos. Quando lemos um relato bem construído, as sensações de expectativa, desorientação ou temor que se apresentam inicialmente vão sendo desenvolvidas e moldadas conforme o movimento da própria história. Ela é como uma partitura musical, e nossas emoções são o instrumento que a toca (Egan, 1991, p. 97).

As narrações ajudam a saber como devemos nos sentir com relação aos fatos contados. Ou seja, as respostas sentimentais que o ouvinte ou o leitor dão à narração estabelecem de alguma maneira um "significado afetivo" para a história, que cresce paralelamente ao seu significado semântico. E isso é possível porque uma narração, diferentemente dos acontecimentos da vida real, proporciona um princípio e um fim, delimita o curso dos acontecimentos. Seu atrativo para as crianças se explica, precisamente, porque a maneira empregada para captar a realidade é basicamente afetiva. Nas crianças pequenas, razão e fantasia, pensamentos e sentimentos, estão indissoluvelmente unidos, de modo que, diferentemente dos adultos, não pensam e sentem separadamente, suas emoções são na verdade seus mais eficazes mecanismos intelectuais. A histórica e hostil separação cultural entre o mundo das fantasias, dos relatos ou das emoções e o mundo dos fatos, das provas ou dos sistemas, origem de tantos erros pedagógicos, fez com que o mundo dos afetos tenha sido sistematicamente relegado em benefício da racionalidade, mas também que as narrações, tão eficazes para entender o mundo que nos rodeia, tenham sido preteridas na hora de expor problemas ou informações científicas. As narrações, pois, não facilitam a compreensão unicamente por meio da organização coerente dos fatos, mas graças à provocação emocional que realizam.

As emoções são, efetivamente, um instrumento de conhecimento, tal como a razão ou a análise. Essa forma plural de indagação da realidade não é, no entanto, contraproducente, mas multiplicativa. O pensamento racional não pode ser elevado sem o auxílio da emoção ou da imaginação, da mesma forma que as emoções não são alheias à razão prática. A mente utiliza vias diferentes para conseguir alcançar a verdade profunda do ser humano, os signos que dão sentido à vida, que é algo que vai além da biologia ou dos códigos sociais. Em diversos campos intelectuais, as emoções e os sentimentos estão sendo cada vez mais defendidos como atividades cerebrais inevitáveis para a organização da experiência pessoal e das relações sociais, como operações imbricadas estreitamente com o raciocínio. Bastam duas referências nesse sentido.

O neurobiólogo Antonio R. Damasio (2005), que orientou suas pesquisas para a descoberta dos mecanismos biológicos da emoção e dos sentimentos, bem como para a descrição das consequências práticas de um bom conhecimento desses mecanismos, defende:

> [...] o que os sentimentos proporcionam ao conflito da mente é igualmente importante. Os sentimentos conscientes são acontecimentos mentais significativos que chamam a atenção para as emoções que os geraram, e para os objetos que desencadearam essas emoções. [...] Ao ter lugar em um entorno autobiográfico, os sentimentos geram uma preocupação pelo indivíduo que os experimenta. O passado, o presente e o futuro antecipado recebem as características significativas apropriadas e uma maior probabilidade de influir sobre o raciocínio e o processo de tomada de decisões (Damasio, 2005, p. 172).

Por sua vez, Martha C. Nussbaum (2005), que tem fundamentado grande parte de seu pensamento filosófico sobre a ideia de que a literatura e as emoções que provoca podem contribuir decisivamente para a deliberação ética, questiona o desdém tradicional da filosofia com relação às emoções por considerá-las pouco confiáveis, e sugere:

> o raciocínio prático sem o acompanhamento da emoção não é suficiente para a sabedoria prática; as emoções não só não são menos fidedignas que os cálculos intelectuais, como também frequentemente são mais fidedignas e aparentemente menos sedutoras (Nussbaum, 2005, p. 89).

Ambas as reflexões põem em destaque a potência cognitiva tanto das emoções e dos sentimentos como do raciocínio. E para essa atividade mental pode contribuir, de maneira muito especial, a literatura. A palavra poética busca, efetivamente, expressar e provocar algum tipo de emoção. Sempre se manifesta em contextos afetuosos. Quando lemos um livro de histórias para uma criança estamos lhe entregando, antes de qualquer coisa, afeto. As histórias são com frequência secundárias frente ao mais relevante: a demonstração de amor. As crianças percebem que com esse gesto lhes estamos oferecendo tempo, atenção, interesse. E esses dons têm muito valor. Nessas circunstâncias, a palavra poética estabelece um intenso vínculo emocional entre os adultos e as crianças. Estimula a criação de um ambiente confortável e acolhedor para as fantasias e os devaneios infantis. A palavra poética não exige, não pressiona, não pede nada em troca. Ao contrário, é gratuita, desinteressada, alentadora, está comprometida com a vida e compromete por sua vez os sentimentos daqueles que a transmitem e a recebem. A palavra poética permite organizar a experiência humana de forma narrativa e afetiva, renova a linguagem, alenta a experiência de maravilhar-se, tateia os mundos desejados, explora os labirintos da conduta humana, condensa simbolicamente os acontecimentos sociais.

Se decidirmos que a literatura não é alheia ao governo das emoções e que estas não são uma consequência acessória da linguagem poética, mas a forma fundamental de requisitar os leitores e comprometê-los com o texto, admitiremos que a simpatia com relação ao destino dos outros que provoca um relato, por exemplo, ou o assombro que promove uma metáfora ou uma sinestesia não podem ser consideradas atividades irrelevantes. São, pelo contrário, de natureza ética, pois afetam o modo de perceber, sentir e desejar o mundo. É por isso que propiciar devaneios às crianças, envolvê-las na linguagem poética, estimular suas fantasias, favorecer seus assombros e suas paixões, alenta o conhecimento e a compreensão da vida, amplia as alegrias e as esperanças da infância.

Referências

BACHELARD, Gaston. *La poética del espacio.* México: Fondo de Cultura Económica, 1975.

______. *La poética de la ensoñación.* México: Fondo de Cultura Económica, 1982.

______. *El derecho de soñar*. México: Fondo de Cultura Económica, 1985.

BONNAFÉ, Marie. *Los libros, eso es bueno para los bebés*. México: Océano, 2008.

BRUNER, Jerome. *Realidad mental y mundos posibles*: los actos de la imaginación que dan sentido a la experiencia. Barcelona: Gedisa, 1999.

CASTILLA DEL PINO, Carlos. El psicoanálisis, la hermenéutica del lenguaje y el universo literario. In: HARO, Pedro Aullón de (Ed.). *Teoría de la crítica literaria*. Madri: Trotta, 1994. p. 295-386.

DAMASIO, Antonio. *En busca de Spinoza*: neurobiología de la emoción y los sentimientos. Barcelona: Crítica, 2005.

EGAN, Kieran. *La comprensión de la realidad en la educación infantil y primaria*. Madri: MEC-Morata, 1991.

FREUD, Sigmund. El poeta y la fantasía. In: ______. *Psicoanálisis aplicado y técnica psicoanalítica*. Madri: Alianza, 1984. p. 9-19.

GOODMAN, Nelson. *Los lenguajes del arte*. Barcelona: Seix Barral, 1976.

______. *Maneras de hacer mundos*. Madri: Visor, 1990.

LAKOFF, George; JOHNSON, Mark. *Metáforas de la vida cotidiana*. Madri: Cátedra, 1986.

LLINÁS, Rodolfo R. *El cerebro y el mito del yo*. Bogotá: Norma, 2003.

NUSSBAUM, Martha C. *El conocimiento del amor:* ensayos sobre filosofía y literatura. Madri: A. Machado Libros, 2005.

PETIT, Michèle. *Lecturas:* del espacio íntimo al espacio público. México: Fondo de Cultura Económica, 2001.

PIAGET, Jean. *La formación del símbolo en el niño*. México: Fondo de Cultura Económica, 1982.

RAMACHANDRAN, Vilayanur S. *Los laberintos del cerebro*. Barcelona: La Liebre de Marzo, 2008.

RICOEUR, Paul. *Tiempo y narración, III*. México: Siglo XXI, 1996.

WINNICOTT, Donald W. *Realidad y juego*. Barcelona: Gedisa, 1979.

4

Corpos e danças na educação infantil

Isabel Marques*

Neste texto, pretendo conversar sobre o papel da linguagem da dança na Educação Infantil, considerando que essa área de conhecimento tem um papel muito importante nos processos de ensino e aprendizagem das crianças pequenas. Corpos que dançam podem vivenciar possibilidades de criação, de autoria, de protagonismo. A dança pode favorecer a educação de corpos que sejam lúdicos, relacionais, críticos. Corpos que dançam de forma criativa, autoral, lúdica, relacional e crítica poderão constituir redes de relações sociais, parafraseando Paulo Freire, mais "belas, justas e éticas".

Pretendo neste capítulo lançar algumas reflexões (não exaustivas) sobre práticas de dança em escolas de Educação Infantil — reflexões essas que, espero, também possam ser autorais, lúdicas, relacionais e críticas. Este texto é, antes de tudo, uma proposta de conversa — e

* Professora do Caleidos Arte e Ensino.

não uma discussão acadêmica no sentido estrito — sobre temas que tenho vivenciado com coordenadores, professores e alunos de Educação Infantil da rede municipal de ensino de São Paulo nos últimos 15 anos.

É por isso que deslocarei nossos olhares para os principais atores da Educação Infantil — alunos e professores — em suas interações com a dança. Com isso, espero, poderemos refletir de forma mais ampla propostas de dança na escola para que ela seja parte efetiva do currículo das crianças.

Muito difícil conversar sobre a dança na escola sem considerarmos os corpos — os corpos dos alunos e dos professores que dialogam em sala de aula propondo danças. Isso porque a dança, linguagem artística, trabalha e constrói eminentemente *relações corporais*. A dança em situação escolar tem o grande potencial de ressignificar as relações corporais sociais. A proposta de (re)conhecermos os corpos dos alunos para que possamos também (re)conhecer suas danças pode ser um início bem interessante e significativo nesse sentido.

Corpos

Conhecemos de longa data a importância do corpo na constituição das pessoas, ou seja, na constituição de quem somos. A percepção cinestésica do mundo (corpo em movimento) nos possibilita abrir caminhos de conhecimento, expressão e comunicação que não necessitam, necessariamente, da linguagem verbal. As crianças pequenas que conhecem, saboreiam e aprendem as possibilidades do corpo em movimento em diferentes tempos e espaços poderão sem dúvida estabelecer uma forma pessoal e diferenciada de ser e estar no mundo.

Seria muito simplório, no entanto, pensarmos o papel da dança na Educação Infantil hoje somente do ponto de vista do prisma pessoal, individual. Sabemos que pessoas se constituem a partir das relações que estabelecem com o mundo, ou seja, as dimensões culturais, políticas e sociais estabelecem relações diretas com o ser, construindo seu corpo, seus hábitos, atitudes e valores.

Nossas histórias estão marcadas no corpo, sejamos crianças ou adultos. Ao longo da vida, nossas experiências vão construindo nossa corporeidade e a forma de sermos e estarmos no mundo (Johnson, 1991). É por isso que dizemos que o corpo, ainda que biológico, é socialmente constituído e historicamente construído. Mas como se dá a constituição e a construção do corpo?

A forma como fomos embalados na primeira infância, o número de irmãos com quem tivemos de "compartilhar" nossos pais, ou ainda a própria presença ou ausência dos pais; os amigos que tivemos, os parentes, a forma como nos relacionamos com desconhecidos nos ensinam atitudes corporais. As relações que estabelecemos com as pessoas são carregadas de valores, princípios, atitudes e afetos que incorporamos ao longo da vida e que constituem a forma como somos e estamos no mundo.

Do mesmo modo, as atividades corporais que experimentamos — brincadeiras, jogos, fazer artístico, serviços de casa — vão construindo nossos corpos e fazendo com que nos relacionemos com a vida de maneiras diferentes. Pensemos, por exemplo, em crianças que desde tenra idade devem ajudar a mãe nos afazeres domésticos (atividade corporal regular, com regras de classificação etc.); ou, ao contrário, aquelas que nunca sequer arrumaram seus próprios brinquedos. As crianças que têm oportunidade de expandir seus corpos, de correr, pular são bem diferentes daquelas que só ficam sentadinhas fazendo lição na mesinha. As primeiras, em geral, são crianças que percebem seu entorno de forma mais ampla, mais profunda e mais apurada e, portanto, estabelecem relações com os outros de maneira, provavelmente, mais significativa.

Não podemos nos esquecer, claro, dos espaços arquitetônicos que "ensinam" nossos corpos, ou seja, que nos ensinam a atuar no mundo. O tipo de casa em que vivemos (grande, pequena, sobrado, apartamento, condomínio etc.), o prédio da escola (tamanho das salas, acesso aos brinquedos, parque, escadas etc.), a possibilidade ou não de estar em espaços abertos, fazem com que nossos corpos sejam constituídos distintamente uns dos outros.

Nossos corpos, portanto, não são somente nosso "hábitat", um "instrumento" para nos ajudar a dançar. Como coloca Johnson (1991), não "temos" um corpo, nós "somos" nossos corpos, corpos estes constituídos e construídos a partir das relações que estabelecemos conosco mesmos, com os outros e com o meio ambiente. De fato, somos (nossos corpos são) atravessamentos de gênero, idade, orientação sexual, etnia, crença espiritual, classe social, nacionalidade; somos o cruzamento de todas essas categorias, o que nos faz sermos únicos e, ao mesmo tempo, coletivos — sociais.

Decorre daí que nossos corpos são em si mesmos redes de relações sociopolítico-culturais e históricas. Tudo aquilo que ensinarmos e aprendermos nos/pelos corpos afetará, consequentemente, as relações sociopolítico-culturais em que nos inserimos. Nessa linha de pensamento, a construção da cidadania contemporânea passa, necessariamente, pelo conhecimento, percepção e construção dos corpos.

A dança, linguagem artística que trabalha corpos, é uma das formas sociais de constituir e construí-los e, portanto, de nos constituirmos. As danças que praticamos introjetam valores, atitudes e posturas diante de nós mesmos, dos outros e da vida. Em outras palavras, aquilo que aprendemos ao dançar é mais uma forma de estarmos no mundo e de construirmos a sociedade em que vivemos, a sociedade que queremos. Em última instância, a dança é mais uma maneira de constituirmos a cidadania contemporânea.

Corpos das crianças

Quais são os conceitos, tessituras, interesses corporais dos alunos em situação escolar? Eles são realmente "agitados" ou essa é uma visão constante do adulto cansado sobre as crianças? Há situações em que esses corpos se "acalmam"? Quais são esses momentos? Do que os corpos das crianças gostam mais — onde se manifestam com mais entusiasmo, alegria, intencionalidade corporal? No parque ou nas carteiras alinhadas umas atrás das outras? Como as crianças pequenas se comunicam com os adultos da escola e entre si? Vale a pena reparar como os corpos das crianças "dizem" o que querem, o que gostam, o que desprezam: isso vai de sair correndo e "escapar" de uma atividade proposta pela professora a dar um pontapé no colega...

Se, como vimos, uma educação voltada para construção da cidadania contemporânea está diretamente ligada à "educação de corpos", conhecer as corporeidades das crianças é vital para que possamos realmente constituir e construir a cidadania que queremos, a sociedade que desejamos e com a qual sonhamos.

Para que possamos conhecer as corporeidades das crianças e, portanto, conhecê-las, é interessante observar como elas estão vivenciando seus corpos em contextos concretos, virtuais e/ou imaginários dentro e fora da escola. Tomo como ponto de partida para essa reflexão a proposta de Lefebvre (apud Harvey, 1996) sobre o espaço geográfico. Esses autores apontam que vivemos relações espaçotemporais — portanto corporais — em três instâncias relacionadas entre si: os espaços vividos, os percebidos e os imaginados. Vamos pensar nesse olhar em relação aos corpos das crianças na escola?

Corpos vividos

É lógico que não podemos conceber um corpo que não seja "vivido", pois vivos estamos, portanto, vivemos. Quero aqui enfatizar, no entanto, modos como essa vivência, como a experiência concreta de corpos no mundo se processa nas relações escolares. Quero aqui conversar sobre corpos concretos, palpáveis, presentes e presentificados, pois os mundos vividos por nós "são [...] realidades que entram no corpo, afetam-no, modificam o dia a dia das relações presenciais entre as pessoas: deixam marcas indeléveis nos trajetos de vida de todos aqueles que coabitam entre espaços públicos e privados" (Marques, 2010, p. 178).

Na escola, as crianças vivem "concretamente" seus corpos/mundos quando estão envolvidas em jogos, brinquedos e brincadeiras — na gangorra, jogando bola, brincando de boneca etc. Seria tão interessante se esses corpos brincantes, concretos e palpáveis, também estivessem envolvidos nas pesquisas com as letras, com os números, com as cores... ou seja, que essas atividades ditas "escolares" também fossem brincadas! Poderíamos, dessa forma, educar "corpos pensantes" e também "pensamentos corporais" na escola. Mas esse é outro assunto, não será tratado neste capítulo.

Sugiro que, em situações escolares, observemos, percebamos e conheçamos não somente as habilidades corporais das crianças, ou seja, "se" elas conseguem ou não pular corda, "se" pegam a bola com as duas mãos, por exemplo. Poderíamos, isto sim, compreender "como" os corpos das crianças reagem e regem atividades de habilidade corporal: a criança está muito lenta ao entrar na corda? Como está o ritmo dos saltos? E assim por diante.

Para além das habilidades corporais necessárias às atividades corporais funcionais, seria interessante conhecermos as necessidades, as preferências, os tempos e espaços corporais das crianças na escola. Algumas crianças "não param", são velozes, gostam de desafiar seus corpos (se penduram no trepa-trepa com uma mão só, saltam do alto do escorregador, correm e escorregam nos corredores etc.). Outras, são mais desaceleradas, preferem as atividades corporalmente seguras (desenhar, por exemplo) e "não aceleram nunca".

Os corpos das crianças também constroem espaços, relacionam-se com outros corpos. Em uma sala de aula, verificamos que algumas crianças preferem os espaços abertos (pátio, parque, rua); quais delas se sentem mais seguras em espaços fechados, por exemplo? Observar e conhecer as relações corporais que as crianças estabelecem na escola faz parte dessa construção espaçotemporal — como as crianças se relacionam corporalmente entre si (com os colegas)? Com os adultos?

Essas são apenas algumas ideias iniciais para que possamos conhecer as corporeidades das crianças com que trabalhamos. Esse pequeno "mapeamento de corpos" das crianças na escola é muito interessante para que possamos nos comunicar com elas e, sobretudo, para que possamos programar nossas atividades de forma significativa, de modo a impregnar de sentidos as vivências corporais escolares. Impregnar de sentidos nossos atos cotidianos, já dizia Paulo Freire (s.d.), é educar — papel intencional, função social da escola.

Embora estejamos diretamente focados nos corpos das crianças em situação escolar, não podemos nunca nos esquecer de que as ações e atuações das crianças na escola têm relação direta com suas experiências e vivências fora dela: em casa, na rua, nos centros de cultura, nos consultórios, nos espaços públicos. As experiências vividas fora da escola afetam diretamente (no sentido de "afetar-se") e atravessam os corpos das crianças e, portanto, são, obviamente, carregadas para dentro da escola.

Nesse sentido, seria interessante perguntarmos e buscarmos conhecer: como são as relações corporais familiares das crianças? Vale a pena saber se elas têm irmãos, com quem vivem, como se dão as relações corporais no ambiente doméstico. E ainda: em que bairro moram, se brincam na rua, se frequentam a Igreja, se frequentam outras casas e assim por diante.

Assim, conhecer/visitar as casas das crianças seria um privilégio para o professor. Poder saber como os corpos da família se "acomodam" nesse espaço físico (dormem todos os irmãos em uma cama só? Ou cada um tem seu quarto?, por exemplo) acaba sendo quase uma necessidade. Nossos corpos, como vimos, ao mesmo tempo que constroem espaços, são moldados pelos lugares que habitamos! Por exemplo, seria interessante sabermos se as crianças andam a pé com seus pais, de ônibus ou de metrô. Estes serão corpos bem diferentes daqueles que só andam de carro, pois a rua inexiste para essas crianças.

Outro grupo de observações importantes para conhecer os corpos das crianças diz respeito às relações corpo a corpo entre elas e seus familiares: esses corpos de criança carregam carinho, aconchego, entrega? Em quantas situações, ao contrário, o contato corporal adulto/criança em situações familiares é de medo, insegurança, ameaça, desafio? As vivências afetivas que as crianças experienciam em casa têm relação direta com suas atitudes na escola — há, por exemplo, crianças que se afastam das professoras e dos adultos, outras que os agarram!

Aparentemente, as relações corporais familiares não traçam relações diretas com a dança a ser ensinada e aprendida na escola. Caso a dança seja considerada um conjunto de passos a serem decorados (por mais linda que seja essa dança), realmente não. Ao contrário, ao considerarmos a dança como *linguagem* artística, as experiências corporais das crianças — da casa à escola — estão diretamente ligadas aos processos de ensino e aprendizagem da dança em situação escolar. Vamos conversar sobre isso.

Há propostas de dança que exigem das crianças reprodução calada de movimentos adultos (de um "coreógrafo" de fora); outras que esperam a cópia de movimentos vindos de adultos que "imitam" supostos movimentos infantis. Nesses casos, realmente, não há razão para que conheçamos as diferentes corporeidades das crianças, suas famílias, relações espaçotemporais.

Projetos de dança na escola voltados para a criação, para a autoria e para o protagonismo das crianças, ao contrário, trabalharão diretamente sua corporeidade — suas vidas, vivências. Conhecê-las, portanto, permitirá que organizemos, sistematizemos, e que, sobretudo, ampliemos e aprofundemos o conhecimento que têm de seus corpos nos tempos e espaços. Em outras palavras, as experiências corporais[1] que a dança pode proporcionar e desenvolver na escola estão diretamente relacionadas aos corpos vividos dos alunos: as

1. Ao usar o termo "corporal", não quero aqui dizer que as experiências corporais não são também mentais. Ao contrário, corpo e mente são indissociáveis e não podem ser compreendidos à parte um do outro. Essa discussão não será levada aqui. Para isso, ver Rengel (2008).

propostas autorais de dança estarão certamente considerando os corpos presentes, vividos, concretos e palpáveis das crianças.

Corpos percebidos

Não devemos, no entanto, somente considerar os corpos concretos, palpáveis, "vividos" dos alunos em situação escolar para compreendermos e sugerirmos trabalhos significativos com a dança nas escolas. Os diálogos das crianças com o mundo via corpo são também extremamente influenciados pelas percepções que têm de si mesmas e dos outros em relação a seus corpos. Sentir e perceber nossos corpos nem sempre corresponde àquilo que concretamente vivemos neles.

Sabemos que "nossos corpos não vivem somente as dores, suores, ressecamento de pele — concretudes —, mas estão intensamente, a toda hora, nos transportando para o universo das sensações, das percepções, das realidades que não dizem respeito diretamente ao que 'acontece no real'" (Marques, 2010, p. 180). Por exemplo, as gozações e as inaceitáveis piadas corporais que se referem às crianças como "gordinhas", "pernas de pau", "magricelas", "choronas", "marias-moles" etc. impregnam às vivências concretas delas percepções pessoais corporais absolutamente negativas. E isso é tão comum no universo das relações cotidianas, infelizmente! Se nos lembrarmos de que "somos" nossos corpos, conforme vimos anteriormente, essa situação se agrava ainda mais.

O importante aqui é lembrarmos que aquilo que as crianças *percebem* e sentem em relação a seus corpos — e isso é construído nas vivências cotidianas palpáveis da escola — é tão importante quanto aquilo que vivem concretamente. Em outras palavras, corpos vividos são também corpos "percebidos". Quantas crianças se percebem/sentem/acham "lerdas, inábeis, desajeitadas, incapazes" e, de fato, são velozes, hábeis, ajeitadas e capazes? Essas percepções distorcidas do real não são privilégio das crianças, muitos adultos também padecem dessas distorções, mas não trataremos desse assunto aqui.

O que realmente nos interessa é que, como professores, conheçamos, compartilhemos e trabalhemos as relações que as crianças traçam entre seus corpos vividos e percebidos, ou seja, as relações entre como vivem e como percebem seus corpos. As atividades de dança que propomos, nessa linha de pensamento, não devem levar em consideração somente as "habilidades motoras" das crianças, ou seja, "se" conseguem ou não executar passos.

Propostas de dança nas escolas seriam bem mais interessantes e significativas se também propusessem, dançando, que as crianças sentissem, percebessem, conhecessem seus corpos. Esse conhecimento pode estar relacionado a sensações e percepções do batimento cardíaco ao correr, à temperatura do corpo antes e depois de dançar, ao domínio do movimento articulado, ao tônus muscular ao fazer força e assim por diante.

Corpos imaginados

Outro aspecto importante para reflexão sobre os corpos das crianças é seu universo imaginário em relação a eles: o que desejam de/com seus corpos? Com o que sonham em relação a eles? Nunca é demais nos lembrarmos da influência nefasta da mídia televisiva em relação ao imaginário das crianças sobre o corpo. Corpos preferencialmente brancos, "sarados", esbeltos, ricos, de alta *performance* — "perfeitos" — são a todo minuto introjetados por elas como corpos ideais, com os quais devem sonhar, almejar.

Essas reflexões sobre os corpos imaginados e idealizados pelos alunos têm vínculos diretos com conceitos de dança deles. Não raramente são os corpos "perfeitos" que dançam danças "perfeitas", ou seja, são essas as danças que as crianças aprenderam a gostar e a considerar como modelos.

Assim, para que nossa proposta pedagógica na área de dança seja consistente e transformadora, quero sugerir que precisamos conhecer também os conceitos, os sonhos, ou seja, o imaginário das crianças a respeito da arte da dança. O que é dança para elas? Com que danças se identificam?

Recentemente, iniciei uma pesquisa sobre o conceito de dança em crianças de Educação Infantil (4 a 6 anos).[2] As respostas foram as mais variadas possíveis: "dança é quando meus pais saem para o forró", "dança é se mexer", "dança é quando tem música, minha mãe adora dançar e ouvir música de Deus, ela só ouve música de Deus", "dança é *funk*", "dança é quando duas pessoas estão juntas", "dança é quando meus pais vão para balada", "dança é o que a gente faz aqui", "dançar é a letra da música", "dança é apresentação", "dança é quando tem festa aqui em casa", "dança é quando a professora manda", "na minha casa, ninguém dança"... De forma bem sintética, poderíamos agrupar essas respostas em dois grandes grupos de conceitos, ou seja, de imaginários das crianças sobre a dança em sociedade.

O primeiro grupo alinha a dança à expressão — uma dança ligada aos indivíduos e/ou a grupos sociais. O segundo refere-se à dança como forma[3] — ligada aos repertórios, às "coreografias", às danças "prontas". No primeiro agrupamento estariam as respostas e vivências que dizem respeito a sentimentos, sensações, percepções da dança e do dançar. A dança como expressão apoia-se primordial-

---

2. Essa pesquisa se iniciou com o "Projeto Leituras da Dança", do Caleidos Cia. de Dança, coordenado por Isabel Marques e Fábio Brazil, em 2011, contemplado pelo ProAC 22 (Prêmio de Apoio à Cultura do Estado de São Paulo). O projeto constou de minicursos e fruição de espetáculo de dança contemporânea para professores e crianças de Educação Infantil na cidade de São Paulo. Agradeço aos professores e coordenadores das Escolas Municipais de Educação Infantil Noêmia Ippolito, Ricardo Gonçalves, Brigadeiro Eduardo Gomes, Papa João Paulo II, Jean Piaget e Pérola Byington que participaram desse projeto e forneceram material para a pesquisa.

3. Aqui não me refiro à categoria filosófica "forma", que gera o formalismo na arte. Forma no sentido aqui apresentado está relacionada à fôrma, formatação, modelo — algo a que a matéria se encaixa.

mente em *referências internas* e pessoais. Compreender a dança como expressão é também acreditar na possibilidade de a criança ser autora de suas danças, ou seja, possibilitar que ela crie, invente, componha.

Já a dança como forma, ao contrário da dança como expressão, está ligada principalmente a *referências externas*: a dança são passos, sequências, ritmos criados por outras pessoas e que são também internalizados, mas não são criados, gerados ou compostos pelas crianças. Muito frequentemente ouvimos em resposta a "o que é dança" a palavra "ritmos" — os ritmos musicais: forró, samba, axé, *rock* etc. Ou seja, a dança está atrelada aos repertórios, às formas/fôrmas musicais. É claro que é possível nos expressarmos ao dançar repertórios, mas essa expressão é de outra natureza.

Ao mapearmos e localizarmos essas intenções nas falas das crianças, poderemos ter referências concretas de suas vivências, experiências, de seus conhecimentos prévios, de suas motivações e, principalmente, de suas expectativas em relação à dança na escola. Ao conhecermos seus conceitos de dança (ou o que pensam e imaginam sobre ela), podemos ter parâmetros concretos para iniciar um processo de ensino e aprendizagem na escola que seja impregnado de sentidos.

Por exemplo, os alunos sabem/gostam das danças da mídia? Ou preferem as danças brasileiras que aprenderam com os adultos em festas populares? Os alunos acham que dançar é fazer balé? Sonham em se tornar uma Ana Botafogo, ou seja, uma bailarina famosa? Da mesma forma, por exemplo, é muito importante sabermos que visão os meninos têm da dança. Trazem de casa preconceitos e/ou frases prontas do tipo "dança é coisa de mulher"? Ou ainda, suas famílias permitem que dancem?

Descortinar, conhecer e compreender o imaginário das crianças em relação à dança permite que trabalhemos diretamente com ele. Corpos e imaginários "impregnados de *funk*" reagirão às propostas de dança na escola de forma bem diferente daqueles que são proibidos de dançar por questões religiosas, por exemplo.

Não se trata aqui de tentar "mudar" o imaginário de dança dos alunos, tomando uma atitude moralista ao dizer que "as letras do *funk* estão repletas de palavrões e por isso não devem ser cantadas ou dançadas pelas criança". A função da escola em relação à dança é sim a de problematizar, aprofundar, ampliar, sistematizar os repertórios dos alunos, suas ideias e ideários, seus conhecimentos em dança. Para isso, como vimos, precisamos, antes de tudo, "conhecer o conhecimento" que os alunos levam de dança em seus corpos vividos, percebidos e imaginados.

Para além dos conceitos de dança que preponderam no imaginário das crianças, é interessante atentar também para aquilo que a própria experiência com a dança proporciona a elas em termos de vivência simbólica, imaginária. Adorei um depoimento de uma criança que um dia disse "dançando eu tenho asas para voar" — é lógico que uma criança não tem asas (e ela sabe disso), mas, pela dança, esse corpo adentrou seu universo da imaginação voadora. Do mesmo modo, a criança que diz "quando me arrumo para dançar, me sinto uma rainha"[4] não está aspirando, certamente, a uma posição na realeza, mas adentrando o universo da imaginação, da experiência estética. Considerando-se que

> A experiência que a arte proporciona, a experiência estética, não é funcional, pragmática — não existe "para" nada. Por essa razão, as vivências da arte descortinam outras possibilidades de ver, agir, encarar e compreender o mundo em que vivemos, estando ainda conectado a ele. [...] as vivências estéticas [são] parte do "mundo imaginado" que vivemos" (Marques, 2010, p. 182).

As duas crianças do exemplo que trago aqui estão experienciando em seus corpos outras possibilidades de ser e estar no mundo — estão inseridas no mundo, mas pelo universo imaginário.

---

4. Depoimento da aluna da profa. Julimari Pamplona. In: *Criança em Foco*, publicação da Fundação Gol de Letra, na cidade de São Paulo.

Essas experiências com a dança que levou as crianças citadas a voar e a se sentir uma rainha só foram possíveis porque concretamente essas crianças dançaram, dançaram seus corpos vividos, concretos. Vemos então que corpos vividos, percebidos e imaginados estão em constante diálogo de construção. O ideal seria também que essas três dimensões dos corpos dançantes não estivessem isoladas em diferentes momentos de nossas propostas de dança na escola, dado que

> A arte e seus universos de metáforas e símbolos criam realidades imaginárias que permeiam e influenciam diretamente as vivências cotidianas, vividas, concretas. Não podemos separar os mundos vividos, percebidos e imaginados, mas considerá-los como campos das tramas do mundo e que, atravessados em nossos corpos, se descortinam nos corpos que dançamos (Marques, 2010, p. 182).

Aquilo que imaginamos afeta o que vivemos e o que percebemos e vice-versa. É por essa razão que é extremamente importante conhecermos os mundos imaginários dos corpos e das danças das crianças.

Corpos dos professores

Todos esses inventários, mapeamentos, investigações sobre os conceitos e vivências de corpo das crianças serão praticamente inócuos, creio, caso não paremos para olhar com cuidado para nossos próprios corpos de professores, para as danças que dançamos, para os conceitos, sonhos e desejos que temos em relação a nossos corpos em interação com a dança.

Frequentemente nos esquecemos de que nossos conceitos, práticas, escolhas e valores corporais e artísticos têm influência direta nas relações que estabelecemos com os alunos em sala de aula. É comum ouvirmos que "os alunos têm a cara da professora", acho que, na realidade, devíamos pensar se os alunos não têm também o *corpo* das professoras. Acima de tudo, o diálogo não verbal que se estabelece diariamente entre professores e alunos é fruto desses conceitos, práticas e valores sobre o corpo e sobre os corpos que dançam.

Convivo semanalmente com professoras de Educação Infantil que têm taquicardia após dez minutos de movimentação lenta. Muitas delas não se abaixam nem sequer para amarrar os sapatos dos alunos que necessitam, quer por impossibilidade física, quer por mera preguiça adquirida ao longo dos anos de magistério. Há professoras que desejam, mas não sabem como poderiam dialogar corporalmente com seus alunos por meios que não sejam meramente intuitivos.

Vale perguntar: que corpos vivemos, percebemos e imaginamos, como professores, no ambiente escolar? Para além das possíveis limitações físicas, como percebemos nossos corpos profissionais em atuação com os alunos? Sentimo-nos cansadas, desanimadas e "velhas" o tempo todo? Ou, ao contrário, o contato com as crianças, com seus corpos em movimento, nos estimulam ao movimento também, nos impulsionam à descoberta de outras possibilidades corporais pessoais? Como nos percebemos, nos sentimos corporalmente em sala de aula em interação com as crianças?

No plano imaginário, a reflexão sobre os corpos dos professores é também bastante interessante e necessária. Quantas professoras, quando meninas, sonharam em fazer dança e foram privadas desta possibilidade por razões econômicas, corporais ou morais? Quantas de nós adorariam sair para dançar toda semana, mas não sai por razões econômicas, sociais ou até mesmo afetivas? Quantas professoras aprenderam com seus pais religiosos que a dança é algo pecaminoso, assim como o corpo?

Sonhos frustrados, desejos não atendidos, proibições não contestadas com certeza terão interferência direta nas propostas de atividades de dança nas escolas: as atividades de dança servirão de realização de uma frustração ou, ao contrário, a dança também estará ausente dos corpos dos alunos sob a alegação de "não gosto de dança", "não sei dançar para ensinar às crianças", "dançar não pertence ao universo escola" (e assim por diante)? Corpos que não vivenciam/vivenciaram dança muito provavelmente privarão seus alunos de dançar.

No entanto, o mundo imaginário de dança das professoras não se resume aos seus sonhos e desejos passados, presentes e futuros, realizados ou não concretamente. Quantas professoras não reclamam — e assim justificam seus insucessos como propositoras de dança nas escolas — de que as crianças só gostam das danças da TV, de que estão "bitoladas" pela indústria cultural, de que não assistem a outro tipo de dança etc. Mas, e nós, professores: que danças dançamos, assistimos, gostamos? Será que somente as crianças sucumbem ao poder universal e unilateral da mídia ou terminamos todos os domingos em frente à TV assistindo passivamente às bailarinas do Faustão?

Não raramente, a mesma professora que tenta ensinar "dança com potencial criativo" na escola e discursa sobre a importância da criança protagonista criadora, se delicia com as músicas da Xuxa e sabe reproduzir todos os passos, em sequência, da última versão da Sandy; muitas professoras não somente dançam axé, mas também adoram o *funk*. Não pretendo aqui discutir e muito menos criticar o universo cultural e de gosto de dança das professoras, mas perguntar: o que acaba tendo mais força, mais presença e validade na situação de ensino e aprendizagem da dança na escola? O discurso das professoras (o que elas dizem) ou as vivências in*corpo*radas das danças comerciais em seus cotidianos, em suas histórias?

Não podemos nunca nos esquecer de que são raríssimos os cursos de formação de professores de Educação Infantil (cursos de Pedagogia) que incluem em seus currículos qualquer tipo de formação em dança. Não é à toa, portanto, que tantos professores levem para a escola suas vivências pessoais em dança — os repertórios que dançam — sem que passem por uma reflexão pedagógica crítica sobre elas. Não é de se admirar que tantas professoras sucumbam e deixem a cargo dos DVDs da Xuxa suas atividades de dança, alegando que essas propostas são boas, pois "ensinam coisas sobre o corpo".

O que não se justifica de modo algum, no entanto, são programas governamentais que incluem a dança em seus currículos sem que se preocupem e/ou assumam a formação específica de professores. Para ensinar dança não bastam livros teorizando seu ensino e/ou sequências didáticas escritas por especialistas: a *prática* crítico-reflexiva é ingrediente sem o qual atividades de dança nas escolas estarão seriamente comprometidas.

Corpos, crianças, professores, danças

Para finalizar, gostaria de aprofundar um pouco a questão sobre conceitos de dança que perpassam os corpos que dançam das crianças e dos professores, e como eles podem afetar o universo escolar.

Como vimos, para muitas crianças, e também para muitos professores, dança é sinônimo de "coreografia", "repertório", ou seja, dança é uma sequência de movimentos/passos interligados pela música.

Se olharmos ao redor, é assim mesmo que a dança se apresenta socialmente — das danças projetadas na TV às danças populares, passando pelos espetáculos de balé e pelos passos da dança de salão. Não podemos nos esquecer de que hoje, até o carnaval, outrora sinônimo de "expressão individual", está coreografado: muitas alas das escolas de samba e alguns trios elétricos já estipulam passos, trajetórias, movimentos antes mesmo de a festa começar.

O problema, na verdade, não está tanto neste conceito de dança como repertório, pois, afinal, a dança como arte é sim *também* um produto acabado que pode ser compartilhado com o público. Em situação pedagógica, no entanto, este conceito de dança é um tanto limitado e limitante, pois quando levamos estas danças "prontas" para a escola, resta às crianças simplesmente *executá-las,* reproduzir a dança do adulto, mesmo que seja bela, tradicional, "importante".

Sem dúvida nenhuma, uma dança pronta e bem acabadinha, "todo mundo fazendo certinho e ao mesmo tempo", pode ser "bonito de ver". No entanto, nessa situação, são os olhos do adulto sobre a criança que criam verdades sobre a dança na escola; o ponto de vista do adulto prevalece às possibilidades, necessidades e desejos das crianças em relação à dança. As danças que chegam aos corpos das crianças prontas e predeterminadas (coreografias da TV, das danças brasileiras, das professoras) não deixam espaço para que criem, brinquem, joguem com seus corpos. As danças de repertórios pouco dialogam com crianças potencialmente autoras de seus corpos, cocriadoras do mundo.

Não custa nada refletirmos novamente sobre o papel da escola na educação de corpos e no aprendizado da Arte. Que valores, conceitos, atitudes, trabalho com as crianças se as faço repetir caladamente tudo que peço? Ou seja, para além da beleza estética "para mãe e diretora verem", qual o papel da dança na escola em relação à educação das crianças?

A dança, se compreendida como linguagem e área de conhecimento — e não como repertório pronto — permite que as crianças aprendam a ler e a reler de forma diferenciada seus corpos, as relações com os outros, o mundo. Corpos que dançam de forma autoral e protagonista têm o potencial de estabelecer relações com sons, imagens, palavras e narrativas que os circundam. Propostas de ensino e aprendizagem da dança que não se reduzem à execução de passos tornam-se formas de diálogos possíveis com outras linguagens e, portanto, com o mundo.

Há quinze anos venho cunhando uma abordagem para o ensino da dança que nomeei "a dança no contexto" (ver Marques, 1999, 2010). Essa abordagem tem como princípio básico a criação de redes de relações entre a dança, o ensino e a sociedade. Inter-relacionados, estes três aspectos do ensino e aprendizagem da dança nos permitem ampliar e problematizar não somente os conceitos e as visões de dança estabelecidos socialmente, mas, sobretudo, repensar nossas práticas educacionais.

Aqui voltamos ao início deste capítulo: que cidadãos estaremos educando se, na escola, fazemos com que as crianças somente repitam caladamente passos e danças criados por adultos? Muito provavelmente corpos passivos, sem atitude, sem iniciativa, sem crítica, ou aquilo que Michel Foucault (1979) chamou de "corpos dóceis".

Opostamente a isso, se nos levarmos pelo impulso do *laissez-faire*, do deixar fazer livremente o que vier ao corpo e à cabeça das crianças (sem orientação ou intervenção do professor), estaremos trabalhando valores, atitudes e princípios também opostos: a criança autocentrada, egoísta, sem limites e/ou percepção dos outros e do mundo.

Penso que seria interessante refletirmos a respeito da dança na escola de outro ponto de vista: que tal sugerirmos danças que, alicerçadas no aprendizado da linguagem, de seus componentes e signos, permitam que as crianças brinquem, explorem, improvisem, inventem? Propostas de atividades de dança que incentivem a criação de formas pessoais de dançar, de ser e de estar no mundo podem ser orientadas, mediadas e incentivadas pelo trabalho dialógico do professor em sala de aula.

Se estivermos de acordo de que mandar executar movimentos e sequências adultas prontas compromete vários aspectos da educação cidadã, vimos que o oposto disso, ou seja, colocar uma música e sugerir que as crianças "dancem livremente", é também uma ilusão de educação na construção de sentidos. A ideia de que toda criança dança naturalmente, de que é "espontânea" e não tem condicionamentos corporais não passa de um romantismo ingênuo sobre o corpo em sociedade (Marques, 2003).

O professor que já tentou "soltar as crianças na dança" e teve como resposta as danças codificadas da mídia ou, então, a reprodução de movimentos adultos nos corpos dos alunos se deu conta de que as crianças não são "purinhas". Ao contrário, elas estão contaminadas de sociedade, de cultura, de relações político-sociais. Os corpos das crianças são corpos sociais, únicos, claro, mas sociais: são como esponjas absorvendo seu meio ambiente, as relações, a cultura ao redor.

Por outro lado, podemos pensar que as danças das crianças são um amálgama da classe social, do gênero, da etnia, da idade, do biotipo, da religião a que pertencem, pois, como já vimos, nossos corpos são em si mesmos redes de relações. Ao professor cabe gerar, orientar e propor bases para que os alunos possam descobrir os elementos desse amálgama, redescobri-los de forma consciente e gerar suas próprias sínteses corporais. Ou seja, o que as crianças já sabem, vivem, saboreiam em seus corpos? O que podem inventar e reinventar a partir disso em forma de dança, de experiência estética?

Há várias formas de sugerir às crianças que brinquem com seus corpos e inventem suas danças com/a partir de suas histórias corporais. A primeira delas é trabalhar com os próprios elementos da linguagem da dança: o espaço, o corpo, os ritmos, as ações corporais, os relacionamentos etc. Por exemplo, como seria uma dança somente no chão (nível baixo)? Que movimentos o cotovelo pode fazer? Que formas os corpos constroem no espaço? Como é dançar uma dança lenta com uma música rápida? E assim por diante.

Outra proposta geradora de dança pode ser sugerir que as crianças observem movimentos do cotidiano: carros, liquidificador, esguicho, pessoas — que movimentos eles fazem? Por quê? Quando? Onde? Como traduzi-los no corpo? Como dançá-los? Essas observações podem se estender para observação e apreciação da própria dança, da dança como arte: podemos mostrar vídeos, oferecer imagens, ir ao teatro assistir a um espetáculo.

O meio ambiente também é um grande "gerador de dança", pois oferece diferentes espaços para que os corpos possam se movimentar, expandir, recolher, locomover. Dançar em espaços abertos e fechados, em salas pequenas e grandes, embaixo da mesa, em cima da escada... Do mesmo modo, as relações com as pessoas, por meio do toque ou do olhar, podem gerar danças únicas, próprias de cada um, próprias de um grupo, de suas histórias passadas, presentes e futuras.

Acima de tudo, as danças que sugerimos em sala de aula devem permitir escolhas, olhares e atitudes diferentes para os corpos, para os outros, para o mundo. Dessa forma, não estaremos educando corpos dóceis, mas corpos — pessoas — lúdicos, relacionais, críticos: conscientes e transformadores.

Referências

FOUCAULT, Michel. *Vigiar e punir*. Rio de Janeiro: Vozes, 1979.

HARVEY, David. *Condição pós-moderna*. 6. ed. São Paulo: Loyola, 1996.

JOHNSON, Don. *Corpo*. Rio de Janeiro: Nova Fronteira, 1991.

MARQUES, Isabel. *Ensino de dança hoje:* textos e contextos. São Paulo: Cortez, 1999.

______. *Dançando na escola*. São Paulo: Cortez, 2003.

______. *Linguagem da dança*: arte e ensino. São Paulo: Digitexto, 2010.

RENG, Lenira. *Os temas de movimento de Rudolf Laban*. São Paulo: Annablume, 2008.

5

Os traços invisíveis nos desenhos das crianças

Gianfranco Staccioli*

Muitos estudiosos trataram do desenho infantil. A história da educação, na realidade, chegou a estudar as produções gráficas das crianças relativamente tarde. Somente no final do século XIX, nas revistas didáticas, aparecem os primeiros escritos que falam do desenho e um italiano, Corrado Ricci, publica o primeiro volume dedicado inteiramente ao desenho infantil (*L'arte dei bambini*, 1887) que recolhia uma ampla documentação de imagens e de reflexões sobre o desenvolvimento da representação gráfica nas crianças e sobre a sua relação com a arte. Nesse volume, afirma-se também a necessidade de ensinar o desenho na escola pública (há pouco instituída a nível nacional na Itália). Ricci tinha casualmente notado, entre os desenhos expostos em uma mostra de adultos em Bolonha, desenhos de crianças

* Professor da Università di Firenze — Federazione Italiana dei Cemea.

(colocados mais embaixo em relação aos outros) que o fascinaram mais do que aqueles dos outros artistas. Escreveu assim aos amigos que trabalhavam em várias escolas do Reino, e iniciou uma coleta de "arte ingênua", despertando um interesse que será depois seguido por muitos outros.

Na Europa, Georges Rouma (*Le langage graphique de l'enfant*, 1913) e, sobretudo, Georges-Henry Luquet (*Le dessin enfantin*, 1927) constituíram-se, na época, como referências importantes e reconhecidas. Autores que foram também fontes que guiaram a coleta de desenhos infantis de Mário de Andrade[1] e que se distanciavam de algumas concepções simplistas da época, que afirmavam um paralelismo entre as representações infantis e aquelas das sociedades primitivas ou dos povos pré-históricos, dando uma interpretação que soava como uma confirmação do evolucionismo darwiniano.[2]

O interesse pelas imagens das crianças devia-se — em um período caracterizado como a "descoberta da infância" pelos estudos desencadeados sobre a diferença da inteligência com base em graus e níveis — à procura de uma sequência ordenada e universal da evolução psicológica das crianças e de suas capacidades cognitivas (a partir do teste mais famoso, o da Escala Binet-Simon). Nascem então os primeiros testes de desenhos considerados baseados em critérios objetivos e que se propunham a medir a inteligência não verbal e o desenvolvimento mental (estabelecendo o coeficiente intelectual do desenhista). Florence Goodenough talvez seja a autora mais conhecida desta vertente, o seu teste D-A-M (*Draw-a-man*, 1913) se difundiu rapidamente em muitos países e é ainda hoje utilizado.[3] O nível de inteligência do desenhista era definido com base na quantidade de

1. Gobbi, M. Mário de Andrade e os desenhos das crianças pequenas: olhares de "turista aprendiz". In: Freitas, M. Cesar de (Org.). *Desigualdade social e diversidade cultural na infância e na juventude*. São Paulo: Cortez, 2006. p. 175-206.

2. Cf. Gallino, T. Giano. *Il mondo disegnato dai bambini*: l'evoluzione grafica e la costruzione dell'identità. Firenze: Giunti, 2008.

3. Goodenough, F. *Measurement of intelligence by drawings*. New York: Harcourt, Brace & World, 1926.

detalhes representados, confirmando a noção, então dominante, de que "as crianças representam o que conhecem".

Muitas águas rolaram desde então (embora na Itália e no mundo continuem a ser utilizados o Teste da Figura Humana e muitos outros mais) e a atenção para o desenho infantil percorreu, como se veria mais adiante, caminhos diferentes, voltando-se ora para a dimensão evolutiva, ora para a dimensão artística; ora para a dimensão psíquica, ora para a dimensão comunicativa. Neste capítulo tentaremos entrar em uma dimensão pouco explorada, ligada às representações metafóricas presentes nos desenhos infantis, buscando o invisível nos desenhos, e indagar sobre o que não é explicitamente indicado pelas imagens, pelos modelos gráficos usuais, pelos estereótipos mais comuns, que em geral são aqueles que resultam mais evidentes e compreensíveis mesmo em primeira visada.

Neste capítulo nos interessa lançar luz sobre um aspecto que aponta a complexidade das imagens infantis, especialmente quando as crianças buscam, através do desenho, comunicar algo aos outros ou a si mesmas. Explicar o mundo não é uma operação simples, nem mesmo para os adultos. Muitas vezes nos faltam palavras para dizer o que pensamos ou queremos que os outros compreendam. Nesses casos, precisamos de desvios linguísticos, de contornos de palavras, de similitudes, de metáforas. Sabemos de maneira implícita que não podemos dizer completamente o que gostaríamos de comunicar, conscientes de que o modo com o qual percebemos, pensamos, elaboramos determinado evento é, de qualquer forma, incomunicável, mas que, ao mesmo tempo, esse evento quer ser explicitado, trazido à luz, iluminado. Trata-se de uma operação altamente produtiva seja no plano cognitivo, seja como tomada de consciência do próprio ser no mundo.

Por isso podem parecer tão inesperados e interessantes os desenhos das crianças pequenas (entre 2 e 5 anos) que tentam — muitas vezes pela primeira vez — desenhar os próprios pensamentos, suas próprias emoções, sua própria experiência vivida, suas elaborações. Encorajar as crianças a desenhar o que pensaram, a representar o que pode parecer não visível é pedagogicamente importante e didaticamente difícil. É difícil porque os costumes culturais (dos professores, mas também dos parentes, dos companheiros maiores) permaneceram na antiga noção de que as representações servem para o mostrar o visível. Aliás, quanto mais o visível for desenhado de forma realista e explicativa, mais o desenho é apreciado e valorizado. As consequências desta forma de agir é conhecida por todos: uma vez compreendida que a solicitação de um uso tão distorcido de seu modo de pensar por imagens não é contemplada, as crianças param de desenhar, e os adultos também.

A procura da invisibilidade nos desenhos infantis remete a um famoso texto literário: *As cidades invisíveis*, de Italo Calvino (1972).[4] A história é uma narrativa de Marco Polo explicando a Kublai Khan suas viagens e os encontros com cidades distantes que visitou em missões diplomáticas. Marco Polo apresenta as características das cidades que realmente viu ou que talvez tenha apenas imaginado ou sonhado. *As cidades invisíveis* de Calvino não são cidades propriamente ditas ("não se sabe se Kublai Khan acredita em tudo o que diz Marco Polo"), são mais que tudo metáforas sobre a condição humana e sobre a vida social, são cidades que propõem mais perguntas do que oferecem respostas, que podem ser lidas em transparência, que fazem intuir os estratos sobrepostos que as compõem, que oferecem leituras divergentes e abertas a mais interpretações.

Entrar nos desenhos das crianças é como encontrar-se em uma dessas cidades (*Pentesilea*) onde "não está claro para você se você já está no meio da cidade ou se ainda está do lado de fora dela". Em Pentesilea você não tem certeza se vê o que está vendo, se compreende o que acredita estar compreendendo. Porque a sua visão oferece mais interpretações, escondem imagens, pensamentos, sentimentos, experiências, expectativas que não são fáceis de atingir. Também estar "no meio" de um desenho infantil é como encontrar-se "fora" e estar "dentro" ao mesmo tempo: quando alguém se encontra dentro/fora de algo, e tenta compreendê-lo, não bastam lugares-comuns, costumes,

4. Calvino, I. *Le città invisibili.* Turim: Einaudi, 1972.

estereótipos. Não bastam para reconhecer a filigrana sutil que se encontra também nos desenhos das crianças.

No entanto, é justamente nessa dificuldade, nessa busca, nessa incerteza interpretativa que se pode ir em direção à descoberta do sentido das imagens infantis. Como faz Marco Polo com as suas cidades, juntando pedaço por pedaço seus fragmentos misturados: "Se eu te digo que a cidade e para a qual tende a sua viagem descontínua no espaço e no tempo, às vezes mais rala, ora mais densa, você não deve acreditar que pode parar de buscá-la" (Calvino, 1972, p. 169). E Kublai Khan entende que apenas essa tensão interpretativa, esse jogo de espelhos metafórico que lhe oferece Marco Polo pode dar algum significado e ir além do imediato, do banal, do ilusório: "Somente com os relatos de Marco Polo, Kublai Khan conseguia discernir através das muralhas e torres destinadas a ruir a filigrana de um desenho tão fino a ponto de escapar às picadas dos cupins" (Calvino, 1972, p. 13).

Os desenhos das crianças muitas vezes nos surpreendem. Não apenas pelas soluções originais, pouco ortodoxas, que muitos conseguem encontrar, mas, sobretudo, porque mostram tanto as coisas visíveis, quanto as que não se veem. E nós, habituados às representações feitas de objetos, de pessoas, de animais, de plantas, não conseguimos sempre compreender. Nós mesmos teremos dificuldade em representar os pensamentos. Como são feitos os pensamentos? São em forma de nuvenzinha, como nas histórias em quadrinhos, ou são diferentes à medida que são claros, divertidos, contortos, agradáveis, irrealizáveis, distantes, voltados para o futuro, assustadores, imprecisos...? Todo tipo de pensamento pode se tornar uma representação gráfica. Uma representação ainda não codificada culturalmente e que por isso nos parece não compreensível ou divergente, que nos coloca em dificuldade.

Os pensamentos podem ser representados porque existem na mente. Os pensamentos também são imagens mentais que podem se traduzir em sinais. E todas as crianças pensam. Mesmo as menores. Todas as crianças pensam, mas não todas estão dispostas a comunicar seus pensamentos, através do desenho ou com outros meios. Muitas vezes se encontram em condição de ter de dar forma às suas imagens segundo modelos reconhecidos como "estéticos" pelos adultos. Em casa e na escola recebem correções ou sugestões para aprender "como" se representa determinada coisa. Claro, há muitas razões compreensíveis por trás dessa atitude: procura-se ajudar as crianças a desenhar de modo que os outros também as entendam.

As imagens gráficas são comunicações direcionadas a destinatários (si mesmo ou outros) e precisam por isso de uma linguagem compartilhada. Mas requerem, sobretudo, comunicações pessoais, sensatas e pensadas. A linguagem gráfico-artística representa para a criança o que a escritura narrativa ou poética representa para um adulto. Com a diferença que se trata de uma linguagem que não precisa ser apreendida "antes". Mesmo porque, ninguém sabe como se desenham os pensamentos ou as reflexões em torno de uma experiência, ou que cores têm as emoções e as percepções...

Acompanhar as crianças a representar pensamentos "coloridos" requer uma intervenção didática direcionada e precisa, que leve em conta o contexto, a organização dos espaços e o tempo, o clima da classe, a escuta competente de adultos que sinceramente se interessam pelas elaborações infinitas que as crianças fazem, coisas do mundo externo e interno. Acolher, como adultos, as mensagens invisíveis que atravessam as imagens requer uma aproximação delicada, aberta ao possível e ao incerto. Um modo de aproximar-se das imagens que vai além dos percursos mais comuns de leitura aos quais estamos acostumados.

A busca do invisível foi uma constante nos estudos sobre o desenho. Tentou-se ler, através do aspecto gráfico visível, os sinais invisíveis, como indicadores das competências, da personalidade, do gosto correto das crianças. É possível reagrupar, simplificando um pouco, os caminhos de pesquisa percorridos, seguindo quatro pistas diferentes que se entrecruzaram no estudo das produções gráficas infantis:

A) teorias das fases

B) teorias psicológicas

C) teorias artísticas

D) teorias processuais

Cada pista foi importante para compreender melhor a produção gráfica infantil, mas cada pista — como é inevitável — ao lado das "certezas" deixou grandes espaços de não compreensão e de ambiguidade interpretativas.

A) As teorias das fases nos deram muitas informações sobre a universalidade dos primeiros traçados das crianças e sobre sua evolução. Suas observações sobre formas características dos desenhos infantis (às vezes cotejado com a arte primitiva ou com as produções gráficas dos doentes mentais) tentaram delinear uma sequência de tipo genético, tanto para aquela que diz respeito às formas gráficas, como para as técnicas representativas utilizadas. Na sua hipótese, as várias etapas se seguem indo do sinal casual, chamado de garatuja, aos sinais intencionais, à conquista da figura humana, à capacidade de produzir imagens realistas. A hipótese se baseava também no paralelismo entre aquisição de competências progressivamente mais maduras e a evolução dos processos cognitivos, determinando estágios no desenvolvimento das habilidades gráficas.

Entre os textos mais conhecidos, além do citado Luquet, é preciso lembrar o grande trabalho de coleta feito por Rhoda Kellogg (*Analyzing children's art*, 1969) que examinou uma grande quantidade de desenhos de crianças de várias partes do planeta, em busca de constantes universais, de formas gráficas arquetípicas no desenvolvimento cognitivo e representativo. Na base desse percurso de pesquisa está a noção de que as crianças desenham sempre com a intenção de produzir imagens reconhecíveis de objetos reais e que, portanto, existe um paralelismo entre detalhes realistas e desenvolvimento cognitivo. O desenho das crianças é considerado e utilizado como um indicador na medida da inteligência do desenhista.

A partir dos estudos dessa vertente, articulou-se uma terminologia que se tornou comum para estudiosos e nos docentes: transparência, linha de base, homenzinho cabeção[5]..., todos termos que indicam

5. O termo italiano "omino testone" corresponde em inglês a *tadpoles*, em francês a *hommes têtards*, em alemão a *Kopffüssler*.

momentos diversos, sucessivos, das tentativas que executam as crianças para representar a realidade. Mas não é difícil reconhecer que mesmo as primeiras figuras humanas que as crianças representam (as primeiras são compostas por um círculo e por linhas que se desviam) não são esquemas abstratos, simples "percepções inatas da forma" (esquemas estudados por Kellogg e antes dela por Rudolph Arnheim, *Art and visual perception: a psycology of creative eye*, 1956), mas figurações que têm uma vida própria, que representam um fragmento de experiência, que contam histórias, que visualizam emoções, que dão forma a pensamentos. Mais que homenzinhos cabeções, esses primeiros desenhos deveriam se chamar "cabeças pensantes".

Figura 1. Francesco (três anos).

São "cabeças pensantes", como no exemplo do desenho de Francesco. Ele comentou o próprio trabalho dizendo: "Meu vô disse que eu sou bonito", deixando claramente intuir que, mesmo com três anos o esquema de base, "homenzinho cabeção" tem já características articuladas que contêm tanto elementos visuais e afetivos, quanto memória e pensamento, e relações e avaliações.

B) As teorias psicológicas nos ajudaram a entender — a partir do desenho — a complexidade da alma humana e suas distorções. A partir dos anos 1940, o desenho é estudado como documento precioso para compreender os processos emotivos mais ou menos profundos (com base muitas vezes na perspectiva freudiana) que mostram, de forma simbólica e mascarada, pulsões de libido que, caso contrário, permaneceriam comprimidas no íntimo da pessoa. Na esteira desta hipótese nasceram textos projetivos (da figura humana, da árvore, da família, da casa...), que tiveram grande emprego nas situações terapêuticas, mas também naquelas escolares.

O limite desse tipo de abordagem (especialmente quando é praticado por não especialistas) é banalizar e esquematizar as complexidades da alma humana e de mandar mensagens simplificadas para os adultos que estão com as crianças. Gianni Rodari, nos anos 1960 (*Il libro degli errori*, 1964), escrevendo a cantiga *Il sole nero* (*O sol preto*), realizava uma crítica sorridente deste modo de pensar.

> A minha menina
> desenhou
> um sol bem pretinho, de carvão,
> levemente contornado de alguns raios laranja.
> Mostrei o desenho a um médico.
> Ele balançou a cabeça dizendo:
> — Suspeito que a pobrezinha
> esteja perturbada por um pensamento triste
> que faz com que ela veja tudo preto.
> No melhor dos casos
> ela tem um problema de visão:
> leve-a ao oculista.
> Assim disse o médico,
> Eu morria de medo.
> Mas depois olhando melhor no canto da página
> Vi que estava escrito, bem pequeno: "O eclipse".

O eclipse, com o seu "drama", mostra uma banalização e uma simplificação psicológica feita por adultos não especializados. Por sorte, no caso do sol preto, o desenho traz, à margem da folha, uma escrita que resolve o drama do pai. Mas se no desenho não estivesse escrito nada? Diante das imagens infantis é preciso cautela, disponibilidade para a escuta, além de uma presença adulta que não interprete e não julgue.

Figura 2. Rocco (três anos).

O desenho de Rocco nos traz mais um problema. Ele tem quatro irmãos e desenhou um barco com uma vela grande e um navegador. A sequência do desenho pode ser estudada conforme a sucessão das sequências gráficas, de acordo com o uso das cores (note-se a simetria invertida das cores vermelho e amarelo e da barca em relação à vela), segundo a posição do desenhista ou a estrutura da imagem, ou as relações espaciais do desenho no que diz respeito à folha, mas... quando Rocco acabou a sua representação, dirigiu-se ao adulto e começou a contar: "Há uma nave espacial que vai para o céu, depois chega um grande vento (faz um giro na folha de 90° em sentido horário). O piloto teve medo porque o vento revirou a nave (gira a folha em mais 90° em sentido horário: o desenho parece mostrar a nave caindo). Mas depois o vento muda (roda novamente o desenho em mais 90° graus) e o piloto consegue recolocar a nave no lugar..." (rotação para mostrar o desenho como era no início da história).

O desenho de Rocco não é apenas um vínculo entre competências gráficas e necessidades comunicativas. Nesse caso, o desenho (não) acabado se torna uma ação narrativa que se desenvolve "após" a construção das figuras. Por isso o desenho deve ser considerado não apenas pelo que ele mostra ou pelos problemas de resolução que comportou sua realização, mas também pelas intenções comunicativas, e os efeitos que o próprio desenho produz. Não parecem tão suficientes as observações que podem ser feitas "durante" a realização do próprio desenho.

O mesmo pode ocorrer lendo-se o desenho de Cristina, que tem apenas três anos e que representou um grande dragão. Sendo ela uma menina pequena, poderia haver a tentação de oferecer interpretações ligadas ao medo, à agressividade, à angústia que se sente quando se é pequeno diante do mundo e das pessoas. São eventos possíveis que podem perpassar uma criança de três anos. Talvez exista isso também no seu desenho, mas talvez não se trate de um desenho angustiante, talvez o dragão não seja tão feroz. Cristina diz que o dragão é fêmea (dito à sua babá que está com ela muitas horas do dia) e completa a sua comunicação dizendo: "quando vou para a cama, gosto de você". Tornando a rever a imagem, talvez se consiga agora intuir a delicadeza do dragão (a linha curva, suave que o representa; o olho pequeno se sobressai de um cacho de cabelo que lembra — talvez — o da babá) e a sua presença simbolicamente protetora que ele representa para Cristina.

C) As teorias artísticas reconhecem, no procedimento das crianças, muitas semelhanças com o trabalho dos artistas: parte-se da ideia de que ambos sejam impulsionados por necessidades estéticas universais. Herbert Read (*Education through art*, 1943), Victor Lowenfeld (*The nature of creative activity*, 1952) e mais recentemente Haward Gardner (*Artful scribbles*, 1980) investigaram sobre impulsos estéticos presentes nas crianças, sobre os estilos pictóricos e sobre as preferências sobre a beleza de um desenho ou de uma pintura. Edith Derdyk compara o impulso psicomotor da criança que traça linhas ("O corpo é a ponta do lápis", *Formas de pensar o desenho*, p. 63) àquele de artistas como Pablo Picasso ou Jackson Pollock. Algumas vezes, tentou-se também cotejar os pensamentos visuais das crianças com uma possível influência sobre os artistas do século XX (de Kandinsky a Klee, de Miró a Dubuffet, de Picasso a Matisse, Chagall e tantos outros mais) ou, ao contrário, com uma pesquisa adulta que retorna à infância e à sua simplicidade formal.

A didática na escola da infância, e nas escolas posteriores, acolheu a relação entre as obras de artistas contemporâneos e aquelas das crianças, desenvolvendo metodologias de ida e volta, de "aproximação" e "distanciamento" (da obra à produção e vice-versa), com contaminações não apenas ligadas às formas, às cores ou à estrutura da obra, mas também às mensagens perceptivas e emotivas que estão presentes nas pinturas dos artistas da nossa época. Na Itália, propostas e experimentações foram feitas por Francesco de Bartolomeis (*Il colore dei pensieri e dei sentimenti*, 1990); Marco Dallari e Cristina Francucci (*L'esperienza pedagogica dell'arte*, 1998) e por muitos outros no âmbito das instituições escolares e dos museus de arte contemporânea (Massimo Squillacciotti, *Laborarte. Esperienze di didattica per bambini*, 2004; AA.VV., *Il bambino con arte nel museo*, 2002).[6]

---

6. Bartolomeis, F. de. *Il colore dei pensieri e dei sentimenti*. Florença: La Nuova Italia, 1990; Dallari, M.; Francucci, C. *L'esperienza pedagogica dell'arte*. Florença: La Nuova Italia, 1998; Squillacciotti, M. *Laborarte*: esperienze di didattica per bambini. Roma: Meltemi, 2004; AA.VV. *Il bambino con arte nel museo*. Bérgamo: Edizioni Junior-Comune di Pistoia, 2002.

Certamente não é difícil aproximar os primeiros traços das crianças com os de alguns artistas. Nos desenhos das crianças se encontram furos e travessias, como fez Lucio Fontana, ou desenhos de linhas que parecem traçadas por Paul Klee, ou personagens que se assemelham muito àqueles desenhados por Joan Miró, ou animais voadores que lembram as figuras de Marc Chagall, e assim por diante. Mas talvez a contribuição mais significativa da ligação entre arte infantil/ arte adulta consiste não na semelhança de formas, cores ou estruturas, mas no processo que em ambos os casos são colocados em ação. As crianças não são artistas, mas procedem como artistas, tentando, como eles, explicar-se ao mundo utilizando um meio que não permite (como não pode fazer nenhum outro meio) explicar-se para o mundo. Adultos e crianças podem apenas empenhar-se em buscar soluções gráficas e pictóricas para dizer o que não se poderá nunca dizer completamente. O mundo não é sempre explicável, o mundo não é sempre conhecível. Mas o mundo é sempre interpretável. A interpretação usa linguagens para comunicar, e usa tantas delas:[7] nenhuma é exaustiva, nenhuma oferece completude. A comunicação é sempre um pouco ambígua, e a artística é particularmente, porque se funda sobre a ambiguidade, não é estática ou fotográfica, mas segue o movimento do pensamento, das experiências que se seguem e dos sentimentos que os desenhistas constroem e desconstroem ao longo do próprio tempo de vida.

A realidade não pode ser representada. Pode-se apenas buscar dar forma à elaboração pessoal da sua mutabilidade, que é atestada sempre pela mudança. As crianças pequenas, às quais não se foi ensinado ainda "como" se representa, são protagonistas ativas de uma pesquisa representativa que as compromete na relação com essa complexidade e com esta tensão de busca que se parece àquela dos artistas.

---

7. Edwards, C.; Gandini, L.; Forman, G. *I cento linguaggi dei bambini.* Bérgamo: Edizioni Junior, 1993. L'espressione "i cento linguaggi dei bambini" è di Loris mal aguzzi ("a criança tem cem línguas... Mas roubam dela noventa e nove").

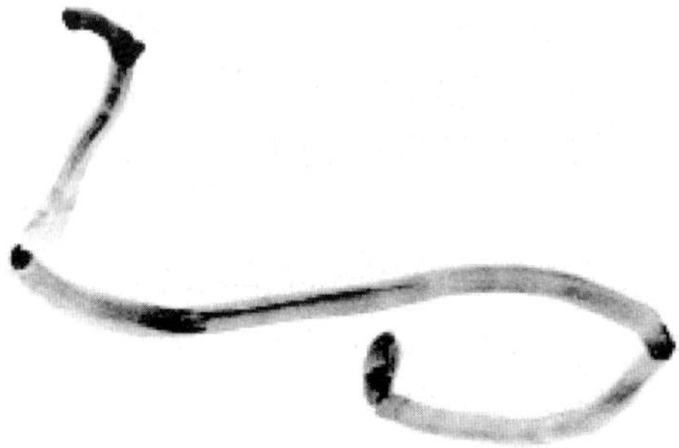

Figura 3. Alessio (três anos).

Figura 4. Stefano (três anos).

Esses dois desenhos (Figuras 3 e 4) não são um traço gráfico, suscitado pelo prazer de deixar marcas de realizar gestos. Ambos têm um significado preciso que duas crianças diferentes, de três anos ainda incompletos, comunicaram enquanto desenhavam. O primeiro é: "Corre", o segundo: "Vai rápido". Dá vontade de perguntar quem é a pessoa que corre ou vai rápido. Pode ser que a expressão verbal das crianças subentenda algo de alguém. Parece, no entanto, que o que elas queriam mostrar ao adulto é que aquele algo ou aquele alguém corre rápido. O empenho deles está voltado para o movimento, para a força que o move, não apenas a quem move e para o que está movendo.

Ora, representar o movimento não é simples. As crianças vão aprender logo a representar coisas em movimento com sinais "compreensíveis" e culturalmente aceitos, como o uso das aspas colocadas ao lado da pessoa ou da coisa que se quer ver em movimento. Terão aprendido deste modo certo uso linguístico da imagem, mas terão perdido a dimensão de pesquisa artística nas suas construções visuais.

D) As teorias processuais são talvez as últimas nascidas no mesmo estúdio do desenho infantil. O interesse dos pesquisadores (Jaqueline Goodnow, *Children's drawings*, 1977; Norman Freeman, *Visual order. The nature and development of pictorial representation*, 1985 e muitos outros) é direcionado, mais que ao produto, à elaboração do desenho, a como são construídas as informações gráficas, a como as crianças resolvem os problemas que devem encarar na tradução de uma forma estática e fixa, uma realidade dinâmica e móvel. Considera-se o desenho como uma atividade produtiva de objetos representados e, portanto, assumem importância os problemas, os "quebra-cabeças gráficos" que estão implicados no desenho, as diversas soluções de sinais e cores que são usadas para mostrar um mesmo problema, as fases de realização do desenho, o contexto no qual se desenvolve a atividade representativa (Jerome Bruner, *Child's talk. Learning to use language*, 1983, mostrou como as variáveis situacionais são determinantes para o desenvolvimento ou inibição das competências).

As investigações "naturalistas" conduzidas sobre grandes amostras (como no caso de Rodha Kellogg) são substituídas por

> uma metodologia de investigação na qual é cuidadosamente observado de onde os sujeitos começam seu desenho, que dimensões e que forma decidem dar a eles, se procedem da direita para a esquerda ou vice-versa, com que ordem dispõem as várias partes sobre a folha, em que posição colocam os primeiros elementos representados e consequentemente que espaço reservam às partes que deverão ser acrescentadas posteriormente, que tipos de referência espacial são assumidos para decidir como colocar as figuras na página...[8]

Esse percurso de pesquisa deixa de lado o problema clássico: "as crianças desenham o que conhecem ou o que veem?", e se ocupa mais dos "vínculos" que as crianças estabelecem para tornar eficaz e compreensível a sua comunicação com as imagens. Em outras palavras, o desenho é visto como um compromisso entre o que a criança quer representar e as restrições presentes em uma representação gráfica bidimensional. Essas pesquisas, conduzidas, sobretudo por psicólogos, nos iluminam sobre um aspecto particularmente interessante a partir de um ponto de vista pedagógico. Os chamados erros no desenho (falta de detalhes, alteração das proporções, distorções da perspectiva, falta de uma linha de apoio etc.) não podem ser considerados como tais e não podem conduzir a fáceis correspondências entre forma do desenho e competências cognitivas, porque quem desenha pode ter querido omitir, alterar, revirar os objetos e as situações representadas, de modo que possa tornar mais exato e informativo o que ele quer comunicar. A criança, dita de outro modo, é considerada competente, capaz de escolhas relativas à eficácia informativa do desenho que está produzindo (não por acaso, nos anos 1980 se desenvolve na Pedagogia a ideia de "criança competente").

---

8. Bombi, A. S.; Pinto, G. *I colori dell'amicizia*: studi sulle rappresentazioni pittoriche dell'amicizia tra bambini. Bolonha: Il Mulino, 1993. p. 61.

Os quatro caminhos de pesquisa que lembramos até aqui oferecem, cada um deles, interessantes possibilidades de reflexão e abrem investigações posteriormente em torno de representações infantis e da busca de elementos invisíveis (evolutivos, psicológicos, artísticos, processuais). Mas, como se apontou, cada um desses caminhos deixa em aberto problemas que não podem ser circunscritos no interior de cada linha de pesquisa específica. Permito-me propor aqui uma quinta linha para tentar entrar no complexo mundo do desenho das crianças pequenas, para aproximar-se daquilo que chamo o *invisível*. Uma linha que não pretende entender níveis de competência, inteligência, personalidade ou o aspecto artístico na produção e no sujeito. Uma simples tentativa de aproximação do desenho como uma *compreensão ambígua*, com a consciência de que não se pode ler de maneira exaustiva ou significar com certeza um desenho das crianças quando ele é uma elaboração da realidade.

Cada desenho remete ao mundo articulado do desenhista, aos seus raciocínios afetivos ou mentais, às suas lembranças ou às suas expectativas. O desenhista faz escolhas, dá prioridade, seleciona, imagina, elabora e, ao mesmo tempo, se coloca o problema — nem sempre de maneira consciente — de como traduzir a sua unicidade complexa de pensamento em um produto simplificado e compreensível. Toda imagem para representar essas escolhas tem de ir além do visual, deve introduzir soluções adequadas (essas também únicas, como o pensamento que as produziu), deve deslocar descrições, usando — como na linguagem oral — comparações, semelhanças, imagens que parecem não ser pertinentes, além de levar quem olha a mundos metafóricos dificilmente decifráveis (esses deslocamentos são "metáforas impertinentes").

O desenho feito por Anna (Figura 5) nos parece significativo a propósito disso. Anna conta que desenhou três amigas à esquerda (com altura por ordem de importância). A do centro está pintada de preto por causa de uma briga ocorrida há pouco por causa de um boneco. A mãe (amarela como o sol "porque é sempre boa e sorridente"), o pai (está no canto porque "está sempre fora pelo trabalho")

Figura 5. Anna (quatro anos).

e a irmã (verde, "porque é um pouco severa") estão à direita. As mãos grandes da menina servem para abraçar melhor todos. Os "cabelos" que saem da cabeça são "fios" de afeto que vão em direção aos dois grupos. Quando Anna está com eles é feliz e tem a sensação de voar. Ao adulto que pergunta por que ela desenhou as pessoas na forma de flor, Anna responde serena: "Porque têm cheiro bom."

Neste desenho encontramos mais um elemento de reflexão. Enquanto isso, temos a confirmação de que aquilo que é representado não queria ser uma cópia da realidade; as mãos foram desenhadas desproporcionais em relação ao corpo por um motivo bem preciso: devem poder abraçar todos. O corpo da menina não está sobre a linha de base; mas, como diz Anna, "quando estou contente tenho a sensação de voar". A cor de uma flor e as dimensões do pai são alteradas por razões que Anna sabe comunicar. Encontramos também a confirmação de um impulso estético ligado à forma e à estrutura das imagens. O desenho tem um desenvolvimento triangular. Se se prolonga a linha do terreno e a linha das flores em direção à esquerda, se obtém a forma de um triângulo isósceles, uma das formas geométricas consideradas de base no desenvolvimento da representação infantil segundo as teorias gestálticas (Rudolf Arnheim, *Art and visual perception: a psycology of the creative eye*, 1954).

Anna desenha por *deslocamentos*, desenha os *adjetivos* das coisas, diz-nos que nem tudo o que vê representa o que se vê, explica-se por similitudes, altera formas e cores. A sua busca (impulso artístico) certamente se refere aos próprios afetos (escolha psicológica), que corresponde a certo nível de competência (escolha evolutiva) e que abrange um percurso representativo também projetado (escolha processual). Mas o seu desenho nos apresenta também uma escolha duplamente ambígua, aberta, fruto de interpretação e de elaboração, fruto da relação sujeito/objeto, uma ambiguidade que é característica do nosso ser no mundo.

A elaboração gráfica da menina é uma representação que tenta *compreender* a realidade, de mostrá-la como se fosse externa, enquanto está imersa. A compreensão da realidade só pode ser ambígua na medida em que quem desenha se encontra "dentro" daquela mesma coisa que tenta mostrar e a faz ver como se se encontrasse "fora" dela. O grande litógrafo Maurits Cornelis Escher (1898-1972), no seu *Gabinetto di stampe* (1956), nos mostra de maneira límpida esse mecanismo. A imagem apresenta um rapaz que olha algumas gravuras no museu. É como se o rapaz, que olha a galeria, se encontrasse em um ponto externo ao lugar onde se encontram os diversos quadros. No entanto, olhando bem, vê-se que se encontra — ao mesmo tempo — na galeria, e que ele mesmo é um quadro. Nós também estamos imersos na realidade e, como esse rapaz, estamos dentro, nós também "vemos um mundo que se transforma justamente no substrato que nos produz e... nos colocamos em relação com o mundo como um espelho, que não nos diz como o mundo é; nem como é".[9] Mesmo quando tentamos ver o mundo como se nos fosse externo, fazemos parte dele e não podemos no separar daquela ligação natural que conjuga o si do fora de si.

Compreender não significa observar a realidade refletindo-a, repropondo-a como se fosse um vestido externo. Compreender é construir hipóteses interpretativas desta realidade, sabendo que ela é parte de nós, e vice-versa. Participamos e interpretamos ao mesmo tempo. "A realidade se cria, não se encontra", escreve Nelson Goodman;[10] a realidade se constrói com um "círculo virtuoso" (como o define o filósofo Varela) no qual cada um de nós constrói o mundo enquanto se constrói interpretando-o; "a realidade não está nem nas coisas, nem na mente" que as elabora, "mas no próprio ato de discuti-las e de confrontar-se com o significado delas", escreve Jerome Bruner.[11] Diante dos desenhos das crianças, é preciso "colocar em discussão o famoso provérbio 'ver para crer' e mudá-lo para 'crer para ver', dado que vemos (ou sentimos) apenas o que conseguimos 'significar' e que, de volta em volta, pode ser o que nos já é familiar, o que esperamos ver, aquilo para o qual nós tempos uma explicação pronta".[12] As imagens visuais, antes de se tornarem conscientes para quem olha, passam por cerca de trinta áreas diversas no córtex cerebral (passando pelo caminho "antigo" e por aquele "recente"). Ver é não apenas escolher, mas também interpretar; designar é igualmente uma interpretação gráfica das coisas interpretadas visualmente.[13]

---

9. VARELA, F. J. Il circolo creativo: abbozzo di una storia naturale della circolarità. In: WATZLAWICK, P. *La realtà inventata*. Milão: Feltrinelli, 1988. p. 269-71.

10. GOODMAN, N. *Languages of art*: an approach to a theory of symbols. Indianapolis: Hakett Comp., 1976 [1968].

11. BRUNER, J. *Actual mind, possible worlds*. Londres: Harvard University Press, 1986 [*La mente a più dimensioni*. Bari: Laterza, 1993].

12. CONTINI, M. *Per una pedagogia delle emozioni*. Florença: La Nuova Italia, 1992. p. 101.

13. Cf. RAMACHANDRAM, V. S. *The emerging mind*. Londres: Profile Books, 2003.

Não existe, portanto, uma forma para descrever corretamente as coisas. Cada descrição, cada desenho que configura o mundo (interno ou externo), é feita com símbolos que são distintos do próprio mundo. As descrições gráficas representam certo modo de representar o mundo, e o fazem usando símbolos. São as imagens que criam os mundos (que são simbolizados nas imagens), mais que ser o resultado de uma busca que representa o mundo através de símbolos. Ao usar deslocamentos e mostrar algumas suas percepções (como o sentir-se leve e feliz, a ponto de levantar-se do chão), Anna nos convida a compreender a sua busca e a ler as soluções que encontrou como realidade criada, como círculo virtuoso, como uma tentativa provisória de mostrar-se em um espelho que não mostra o que se é, mas que nos reflete como objetos visuais carregados de incerteza e ambiguidade.

A linha da *compreensão ambígua* também vai à busca das características invisíveis nos desenhos das crianças (como, por outro lado, fizeram com objetivos diferentes todos os outros percursos lembrados), daqueles traços aos quais nos remete aquele espelho deformado, como o que aparece na representação gráfica. No nosso caso, estamos interessados na busca das soluções que as crianças propõem para mostrar suas elaborações da realidade, estamos interessados em suas tentativas de transformar em imagens elementos que não são visíveis, como podem ser as percepções ou os pensamentos.

Os exemplos que seguem são reagrupados segundo três temáticas:

A) Percepções ou emoções que se tornam visíveis.

B) Pensamentos e construções de modelos.

C) Analogias e metáforas visuais.

A) Por *percepções visíveis* aqui se entendem aquelas tentativas de pôr no papel o que não se vê, mas que faz parte da experiência direta da realidade que é vivida. Uma paisagem não pode ser apenas olhada, não é feita apenas de cores e formas. Uma passagem tem odores, quando a observamos, somos tocados por rumores, nosso corpo é abalado por sensações mais ou menos intensas de bem-estar ou de mal-estar, de tranquilidade ou de nostalgia. A visão concreta de uma paisagem é acompanhada por visões impalpáveis (pensamentos visuais, imagens eidéticas, fantasias...) que nem sempre têm correspondentes sinais/marcas ou formas gráfico-simbólicas. Representar as percepções comporta um duplo desafio para quem desenha: por um lado há a tentativa de mostrar algo — como uma percepção — que não é visível, é impalpável, fluido, evanescente. Por outro, aquela tentativa de mostrar a percepção pessoal, a sensação própria, o vivido registrado, todos os mecanismos caracterizados por unicidade, marcados pelo fato de que não é possível encontrar uma precisa correspondência linguística e representativa nas coisas percebidas e representadas por outras pessoas.

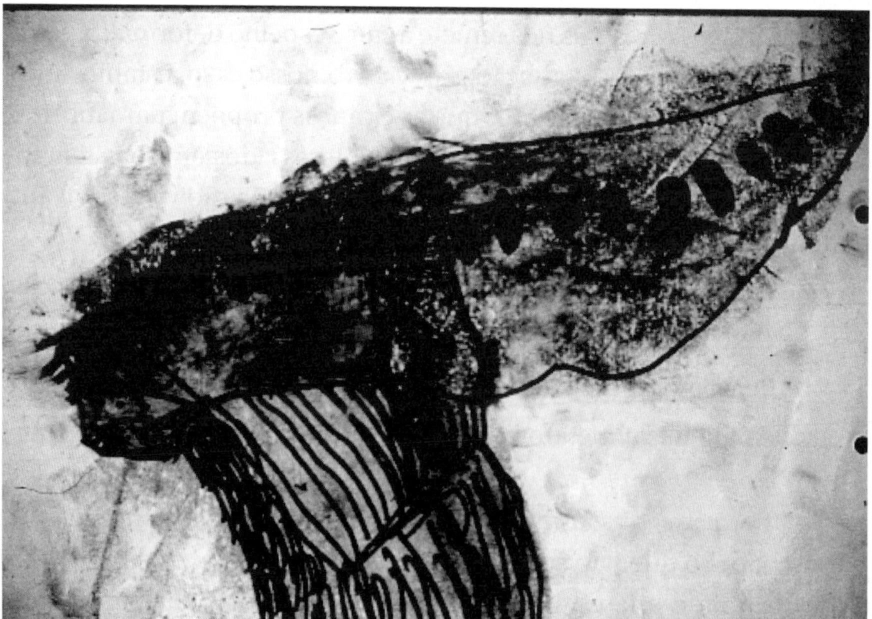

Figura 6. Samuele (cinco anos).

Samuele (Figura 6) se aventura em uma operação complexa. O seu desenho representa uma música que ouviu há pouco. Não quis mostrar os instrumentos musicais ou as pessoas que tocam. Quis desenhar a música. Os sons que atravessam o ar podem ser percebidos, mas não são visíveis. Ou pelo menos estão apenas no nível do pensamento, de imagem mental. A música ouvida e desenhada se torna, na representação colorida, um conjunto coerente de linhas, de formas, de cores, de ritmos que não conseguem permanecer fechados em si mesmos. A música que se transforma em imagem parece sair de si mesma e dispersar-se ao fundo.

A realidade não é apenas o que tem consistência, não é feita apenas de "coisas", de animais, de plantas, pessoas, objetos... Gessica sabe disso, e diante desses traços brancos e pretos sobre um fundo azul, diante da perplexidade de um adulto que não entende, diz: "São passarinhos que voam".

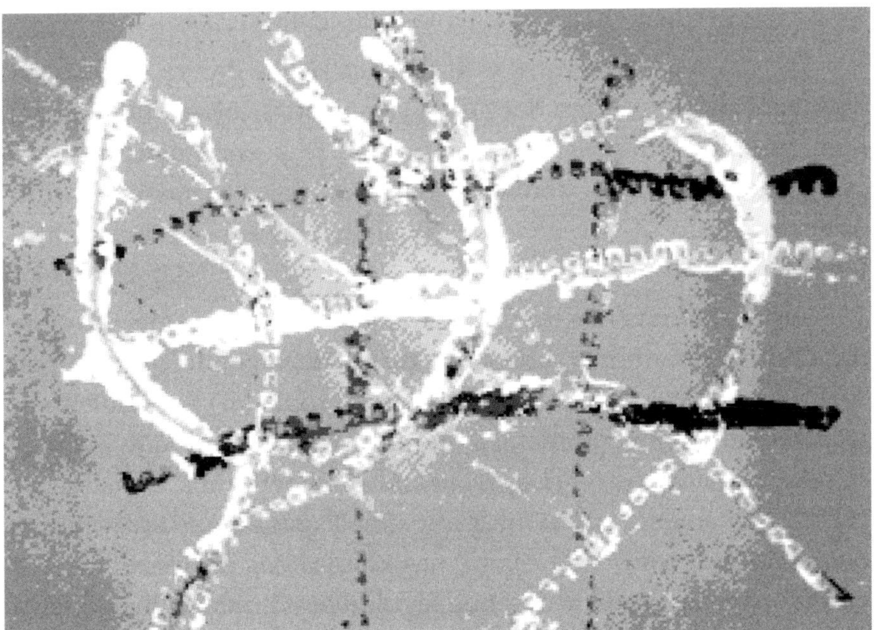

Figura 7. Gessica (cinco anos).

O adulto pode ter algumas dificuldades para reconhecer nesses traços os passarinhos. Mas pode entender que Gessica quis representar o movimento do voo dos passarinhos. Desenhar o voo é uma operação que nós definiríamos abstrata, na realidade Gessica "sabe" que o mundo não é feito apenas do que se vê, que não é estático, que não é feito só de coisas. O mundo é ação, movimento, transformação. Um adulto pode chegar também a entender que pássaros podem ser representados em movimento (todo o futurismo foi uma tentativa contínua de mostrar o movimento humano), mas se vê ainda perplexo diante das palavras de Gessica, comentando seu trabalho, a propósito dos pássaros (que são simbolicamente representados pelo seu voo): "dá para ouvir o barulho deles, e perceber que estão contentes... Dá para perceber se você ouvir o barulho que fazem...". Não é apenas o movimento que é representado no lugar dos animais, também seus sons, sua felicidade, seu chiado incessante no ar. Nós temos de entender... que a realidade representada é a realidade percebida, não apenas aquela que perpassa a visão; deveríamos entender que elaborar o mundo é bem diferente de fotografá-lo. Deveríamos entender...

B) *Pensar por imagens* é outra característica das representações infantis. É muito comum que sejam desenhadas coisas que se imaginam, mesmo se impossíveis, assim como se veem muitas vezes representadas fantasias, sonhos, paisagens nunca vistas ou eventos nunca ocorridos. O desenho de Nicoletta (Figura 8) nos faz intuir também outra possibilidade.

A imagem nos mostra um gondoleiro veneziano que parece ter um chapéu estranho na cabeça. Na realidade, o gondoleiro está pensando na sua amada, queria casar-se logo com ela. O gondoleiro estava ali com seus pensamentos que não se veem, mas que estão ali. Nicoletta assim nos mostra, realizando também uma transferência curiosa: certamente ouviu dizer que uma esposa deve ser "segurada pela mão" ou, como está escrito nas fábulas das princesas, ser "coroada". E então Nicoletta desenha seguindo essa transferência semântica e representa uma verdadeira coroa na cabeça da moça na qual o gondoleiro pensava.

Figura 8. Nicoletta (cinco anos).

O gondoleiro que pensa está pensando em uma coisa concreta, na sua namorada. Pensa em uma pessoa que pode ser desenhada com uma forma gráfica compreensível, culturalmente compartilhada. Mas os pensamentos são de tantos tipos, às vezes não se condensam em formas precisas, outras dão voltas na mente e, assim como aparecem, tendem a se esfumaçar. Matilde nos apresenta seu desenho na sua diversidade: há unitários, compostos por mais cores, podem ser abertos, contorcidos, lineares...

Os modelos invisíveis que se encontram nos pensamentos das crianças são muitos: as representações podem "explicar" alguns desses modelos. As crianças pensam, explicam-se umas às outras, levantam hipóteses, constroem redes de relações que cruzam seus conhecimentos. Muitas vezes suas criações nos encantam e nos fazem

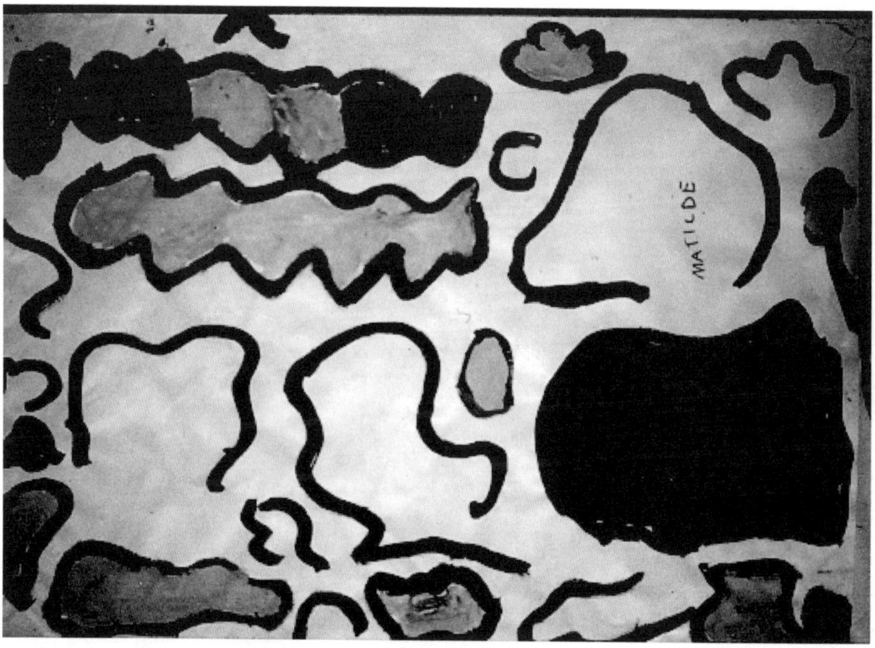

Figura 9. Matilde (cinco anos).

refletir. As crianças pensam, têm ideias próprias, articuladas, complexas, em torno de uma coisa ou outra. Há modelos bastante "simples" para se ler, como o desenho do mundo apresentado por Filippo (Figura 10). Ele aprendeu obviamente que o mundo é redondo e que está no meio do espaço, mas o seu conhecimento não acompanha a percepção que ele tem do mundo. As casas e a Terra que as sustenta são "conhecidas" de duas formas diferentes: apoiadas sobre um terreno, espesso e ondulado, e como esquema gráfico com alternância rítmica árvore-casa apoiadas sobre uma linha abstrata de base (onde aparece claramente que dois conhecimentos, o escolar e o pessoal, não coincidem).

Também a noção da Terra que está no espaço é apresentada com duas ideias cognitivas diferentes: o ar rodeia a Terra (à direita), mas como faz o ar para sustentá-la? A Terra, em algum lugar, terá que se apoiar também. Na sua ideia há um animal grande, com muitas patas, sobre o qual o mundo se apoia. Talvez Filippo conheça a lenda do Titã, que é obrigado por Zeus a sustentar pela eternidade a abóbada celeste, ou viu algumas imagens que representa Atlas com o mundo nos ombros. Ou fez a mesma operação dos antigos gregos imaginando que — a despeito de qualquer conhecimento — alguém ou algo sustenta o mundo.

Figura 10. Filippo (cinco anos).
A fábrica das estrelas

C) O terceiro elemento invisível, presente nos desenhos das crianças, é o uso de *analogias* ou também de *metáforas*. *Metaphorà* significa transferência, mudança de lugar, e as mudanças de um campo cognitivo a outro são muito comuns na linguagem verbal. Às crianças pequenas se ensina, sobretudo, a linguagem referencial, pede-se a elas precisão no uso de termos e descrições. Mas, muitas vezes, as crianças não conseguem expressar-se, explicar (ocorre também com os adultos), então usam uma linguagem analógica (o outro é de tipo digital), oferecendo sugestões indiretas à compreensão daquilo que elas querem dizer. Usam, portanto, similitudes e metáforas (embora não estejam plenamente conscientes disso), ou seja, aplicam formas de comunicação que, enquanto tentam explicar o certo, abrem-se para o incerto, oferecem e requerem de quem ouve (ou olha) uma abertura para o imprevisto, para a transgressão criativa. Todo o pensamento precisa usar estes mecanismos metafóricos para se desenvolver.

As metáforas se encontram não apenas no âmbito narrativo ou no estético, mas também no âmbito científico, no qual elas parecem ter a função de "injetar e projetar" os resultados de um raciocínio analógico dentro de um domínio semântico, ligando dispositivos-ponte entre categorias diferentes: animado/inanimado, humano/animal, médico/topológico, elétrico/afetivo, geográfico/alimentar... Encontramos metáforas nas crianças, mesmo as muito pequenas, com o uso daquela que foi definida como a "combinação despudorada". No campo das artes visuais, junto aos sinais, aos emblemas, às etiquetas visuais que constituem uma espécie de vocabulário cifrado estabelecido pela tradição (como pode ser na pintura de um lírio na mão de uma mulher ou as outras miríades de objetos, símbolos presentes nos afrescos e nas pinturas medievais), continuamente temos metáforas abertas, imagens que remetem a outra coisa, sinais fugidios que pedem para ser interpretados.

Os estudos sobre as metáforas das crianças confirmam a presença de frases metafóricas naquelas entre dois e cinco anos (*como se*), e nos dizem que as crianças pequenas são mais capazes de fazer metáforas que de compreendê-las. O uso das metáforas se oferece à medida que um comportamento guiado por regras precisas desencoraja a criança a violar os limites de categoria que acabou de construir.

O desenho de Anna, mostrado no início deste capítulo (Figura 5), usa claras metáforas visuais: as pessoas tornaram-se flores, uma percepção de como a leveza é representada, com a menina que se ergue do chão.

Figura 11. Chiara (cinco anos).

Também neste desenho de criança de cinco anos aparece uma metáfora. Chiara diz: "O amor pela minha mãe é tão grande que a faz crescer mais que todos. O amor é como uma serpente que gira ao redor depois vai embora." Ora, a leitura do invisível, em um desenho como este, pode deter-se para considerar alguns aspectos visíveis, como a essência de elementos da representação do corpo (faltam os braços) ou a alteração das dimensões dos personagens, ou então tentar remontar aos aspectos emotivos que certamente estão ocultos na desenhista, ou também fazer uma análise dos traços estéticos e artísticos, ou perguntar-se de que modo Chiara construiu o próprio desenho. O aspecto que para nós mais toca é, no entanto, a presença de uma similitude ("é como") que aproxima o amor de uma serpente. A comparação é tão fascinante que faz passar para o segundo plano o interesse de quem olha (e provavelmente também da desenhista) para os detalhes gráficos ou pessoais, que poderiam por acaso interessar outras linhas de pesquisa.

O interesse que mostramos pelo invisível nos desenhos das crianças nos parece rico de perspectivas para pesquisa e estimulante no plano educativo. O invisível pode ser procurado, mas não pode ser encontrado. Se não, não é mais invisível. Isso implica que, quem se interessa pelo invisível, tem de acolher mais que avaliar, mais acompanhar que ensinar, mais que impor modelos. Quem se ocupa de educação sabe que não é sempre fácil encontrar crianças que não estejam inseridas nos esquemas pelas formas que são consideradas na nossa cultura como modelos compreensíveis e comunicáveis. À medida que as crianças crescem, torna-se para elas cada vez mais difícil recuperar a riqueza elaboradora e o pensamento criativo que as acompanhava em suas primeiras tentativas gráficas. São necessários condições, contextos, figuras de referências adequadas para retomar uma pesquisa representativa que, embora interrompida, continua a estar presente em todas as crianças.

Um episódio relatado por Mario Lodi nos parece significativo a propósito disso. Miriam é uma menina de nove anos e um dia em classe diz ao professor: "Minha tia se casou ontem e eu estava muito feliz, gostaria de pintar a minha felicidade." Um menino lhe aconselha: "Eu também estava lá; faça com que todos riam, e eu jogo o arroz e rio também." Miriam não fez desenhos com pessoas: "Quero pintar a felicidade bem grande, que ainda está dentro de mim." Em seguida, interrompe e retoma a ideia: "Com as figuras descrevo a felicidade dos outros, mas eu queria pintar a minha felicidade, aquilo que eu sinto aqui dentro." No final, Miriam consegue encontrar uma solução gráfica, uma composição vagamente geométrica, construída em cores brilhantes e alegres.

Implica saber que nunca há uma resposta para essas perguntas. Pode-se acolher, ter ajuda técnica, disponibilidade, mas não soluções. E quem educa deve estar disponível e não ser apressado. O escritor latino Svetonio atribuiu ao imperador Augusto a frase: *Festina lente*, que se pode traduzir como "apresse-se delicadamente" ou também como "proceda lentamente". O mote tinha sido recuperado pelos Médici florentinos que, no século XVI, fizeram da sentença o emblema de sua frota (associando-o a uma tartaruga com a vela) para que fosse exortado à ponderação nas empresas e nas viagens. À tartaruga, que representa a lentidão e é também sinônimo de prudência, é associada uma vela inflada pelo vento, ou melhor, o que impulsiona os navios pode ser, portanto, sinônimo de força de ação. Um bom navegador sabe que a vela, se for bem manobrada, permite avançar com o vento contrário e proceder lentamente no percurso. Um bom educador tem de dar e dar-se tempo para que os pensamentos visíveis se produzam e possam ser lidos.

O sentido de desenhar para as crianças pequenas é o de uma infinita construção, como se vivessem na cidade de Tecla, outra das cidades invisíveis mencionadas por Italo Calvino (1972). Marco Polo chega a Tecla e vê andaimes, pontes de madeira para construções, operários trabalhando, escadas e redes. A construção de Tecla parece não acabar nunca: "Por que a construção de Tecla é tão demorada?", pergunta aos moradores. E eles, "sem parar de levantar os baldes, de baixar os fios de chumbo, de mover para cima e para baixo longos painéis, respondem: Para que não comece a destruição". Desenhar também é um projeto de experiência de construção. Se acaba o projeto, a busca contínua de soluções, se acaba o pensamento produtivo, inicia-se a destruição.

Ser capazes de ajudar as crianças a representar o seu invisível nos remete à habilidade de mantermos um frescor nas relações com as coisas e com as pessoas, nos reporta à nossa própria capacidade de nos surpreendermos pelas novidades infinitas que nos rodeiam. Surpreender-se e também se emocionar. Hoje nós sabemos — o sustentava também o ativismo — que o modelo de mente que elabora informações, assim como é proposto pelos cognitivistas (uma mente racional), é um modelo que empobrece o conhecimento, que produz uma vida mental emocionalmente monótona, que realiza uma educação "sem coração". Como dizia a raposa ao Pequeno Príncipe: "só se vê bem com o coração. O essencial é invisível para os olhos". Onde por *coração* temos de ler uma dimensão entrecruzada entre pensamento e afetos, entre lógica e imaginação, entre visão e interpretação. Explicar-se para o mundo por meio das imagens é produzir sempre soluções ambíguas, incertas, abertas, nunca reproduzíveis da mesma forma. A imagem nos pensamentos visíveis é única, não se repete. Ela pode ser reelaborada, mas não repetida. Um pouco como ocorre também com quem usa a linguagem das imagens e se define artista.

Referências

CACCIARI, C. *Teorie della metafora.* Milão: Cortina Editrice, 1990.

GALLINO, G. *Il mondo disegnato dai bambini*: l'evoluzione grafica e la costruzione dell'identità. Florença: Giunti, 2008.

GARDNER, H. *Art, mind and brain.* Glasgow: Harpercollins, 1982.

GOBBI, M. Mário de Andrade e os desenhos das crianças pequenas: olhares de "turista aprendiz". In: FREITAS, M. Cesar de (Org.). *Desigualdade social e diversidade cultural na infância e na juventude.* São Paulo: Cortez, 2006. p. 175-206.

LODI, Mario. *L'arte del bambino.* Drizzona: Casa delle Arti e del Gioco, 2009. p. 8-9.

6

Papel em branco

Edith Derdyk*

O que é uma folha de papel em branco para uma criança muito pequena?

Ou mesmo para uma criança já letrada, um adolescente ou para nós, adultos?

O que é estar diante de uma folha de papel em branco, diante de um espaço onde todas as possibilidades de representações e anotações gráficas — sejam estas verbais, visuais, musicais — estão em estado latente, pedindo para serem acordadas?

O que significa estar neste lugar quando tudo é possível de acontecer?

Uma folha de papel em branco é, de fato, um espaço movente para qualquer um de nós: criança, adolescente, adulto! E por muitas vezes estar diante de uma folha de papel em branco, potencializando

* Artista plástica e autora de livros.

todos os nossos possíveis e impossíveis, provoca um estranho afastamento de nós mesmos. Esse estranho afastamento pode ser provocado pela vertigem que a brancura de uma simples folha de papel nos suscita. Talvez muitas dessas dificuldades aconteçam quando os códigos de representação, que funcionam como modelos *a priori* de uma ideia de desenho, desembarcam antes da *experiência em si*, antes da conquista de uma expressão, antes da descoberta da força da linguagem, antes das experiências de espaço que no corpo são ativadas ao traçar linhas sobre o papel.

É muito curioso observar a existência de um arco extenso de possibilidades para as linhas traçadas no espaço do papel que podem se transformar em escrita, grafismos, mapas, notações musicais, equações matemáticas, figuras, em registros de muitas ordens distintas, e todos esses registros são sinais gráficos carregados de significados. Porém, ao pensarmos no desenho como linguagem expressiva, esses sinais gráficos são imbuídos de tonalidades não necessariamente funcionais, ganhando um relevo singular e poético.

No entanto, quando esses sinais possuem um destino prévio, antecipados pela nomeação, pela representação, pela designação, pela função, parece que a ordem da experiência originária da ação de desenhar — traçar e marcar linhas no espaço do papel — é tragada por formatos prévios, sendo deletada para uma camada esquecida sob a aparência de um modelo de "bom desenho". Sempre é bom atualizar que a simples ação de traçar sinais sobre uma superfície pode provocar, em todos nós, descobertas perceptivas e cognitivas, fundantes para a constituição do pensamento e do conhecimento.

Frente a tantas possibilidades e impossibilidades que se projetam, quando estamos diante de uma folha de papel em branco, prestes a mergulhar no primeiro traço e lançar a isca para o desenho se manifestar de forma expressiva e criativa, iremos, aqui neste pequeno texto, refletir sobre os modos de aquisição da linguagem do desenho, compreendida como expressões de acontecimentos gráficos na superfície do papel, nosso campo eleito da representação, dentro do contexto escolar e acadêmico. Importante sublinhar este fato, pois o desenho, linguagem que transita em todas as áreas do conhecimento — arte, ciência e técnica —, tem uma latitude e uma longitude muito mais extensa do que "somente coisa de lápis e papel", expressão cunhada por Mário de Andrade (1979) em seu pequeno ensaio Do desenho, que aponta, sobretudo, as qualidades conceituais, mentais e abstratas que o desenho presentifica, em sua natureza. Se repensarmos estes horizontes mais extensos, podemos ressignificar o desenho quando este é compreendido apenas como "coisa de lápis e papel"!

O desenho é ato perceptivo e cognitivo, simultaneamente, seja para a criança, seja para o adulto. A ação de desenhar não se reduz somente às habilidades manuais, artesanais, materialmente visíveis. O desenho é, sobretudo, construção do pensamento. O desenho — linguagem tão antiga e tão permanente na civilização — atravessa todos os tempos, manifestando-se em distintos suportes, instrumentos, materiais, nos ofertando um repertório extenso de possibilidades espaciais, manifestações e atuações, não restrito e circunscrito apenas dentro do universo gráfico.

De todo modo, quando nos referimos ao desenho como "coisa de lápis e papel", a ação de desenhar acontece de forma breve e facilmente reconhecível, com certeza, por todos aqueles que frequentam escolas. Obviamente que o desenho acontece também fora do território escolar, pela sua própria natureza abrangente e transitória e, talvez, até de forma mais extensiva e natural, isto é, não apenas utilizando lápis e papel como suporte e material, mas com qualquer material e instrumento que possa aparecer pela frente — qualquer ponta/instrumento (pedra, graveto, as próprias mãos, alfinete, galho...) e qualquer superfície material (vidro, argila, parede, chão, terra, muro...), experiências estas que a escola deveria absorver de maneira mais ágil e abrangente.

O que pretendo sublinhar é que este modo mais específico e usual de o desenho se manifestar como "coisa de lápis e papel" atende apenas a uma das infinitas possibilidades de esta linguagem se organizar como linguagem poética, respondendo facilmente às demandas escolares por conta da facilidade dos materiais e, portanto, oficializando e institucionalizando a ação de desenhar como uma ação gráfica, na maioria das vezes sem possibilitar o acesso a outros recursos e procedimentos — sejam estes de ordem material ou conceitual.

Eis a oportunidade de repensarmos o que contém e o que está contido nas distintas reações e atitudes quando estamos diante de uma folha de papel em branco, por vezes inibindo qualquer ação justamente por formalizá-la; e por outras desatando um imaginário que aterrissa neste campo eleito da representação — a folha de papel.

Ao refletirmos sobre os modos de aquisição da linguagem do desenho desde os primórdios da infância, torna-se, portanto, fundamental considerarmos tanto a natureza transitiva do desenho, presente em distintos campos do conhecimento, quanto sua agilidade e flexibilidade para acontecer em qualquer lugar ou espaço, com qualquer material, horário ou pessoa — seja alfabetizada ou não, seja criança ou não.

A partir destas observações, iniciamos aqui uma breve investigação sobre os impasses que surgem e que, por vezes, nos paralisam quando estamos diante de um campo movente, provocativo, sugestivo, evocativo, tal como é uma folha de papel em branco. A ação de desenhar se torna submissa às formas de representação *a priori*, tão distante da fluidez do gesto que traça uma linha no papel imprimindo sua força expressiva. Interessante constatar a recorrência deste tipo de congelamento do traço quando o desenho carrega uma ideia de que o "bom desenho" é aquele que é cópia do real, em que o olho é, assumidamente, o dirigente do gesto, se distanciando da compreensão da linha como fruto de uma conexão entre a mão, o gesto, o instrumento e o material.

O desenho acontece de forma mais potente quando a linha é compreendida como extensão do corpo, tal como uma dança no espaço do papel! Quando a linha se trai guiada por modelos prévios, na maioria das vezes ela surge de maneira impessoal, rígida, sem potência expressiva, isenta de subjetividade e, portanto, sem ter chance de conduzir a criança à sua expressão pessoal de forma criativa e íntegra.

Tal reflexão deseja convocar os motivos pelos quais, por tantas vezes, o pensamento congela, a percepção fixa e endurece, o gesto se defende inibindo qualquer ação gráfica sobre a superfície do papel, trazendo à tona a expressão tão recorrente em crianças, adolescentes e adultos: "não sei desenhar".

O desenho, pela sua natureza, é, em si mesmo, um acontecimento vivo, fugaz, fluido, qualidades que estruturam a natureza desta linguagem. Por isto, pensar os modos de aquisição desta linguagem desde a infância torna-se uma solicitação fundamental para que possamos estabelecer uma verdadeira parceria entre o desenho e a criança.

Para acordarmos os pontos aqui lançados até então e traçarmos uma *linha reflexiva* sobre os modos de aquisição do desenho na infância, torna-se vital igualmente enfatizar que estamos tecendo um percurso do pensamento territorializando o contexto escolar, porém sem deixar de considerar os outros territórios. Inevitavelmente, o contexto escolar indica a existência de sistemas prévios de aquisição de conhecimento, determina formas perceptivas e cognitivas, elege padrões, propõe modelos e métodos que acabam influenciando processos e resultados — no campo cognitivo ou sensível — legendados por épocas históricas, visões de mundo, valores socioculturais. Portanto, uma das perguntas a serem consideradas para pautar as diferenças de encaminhamentos seria: qual o conjunto de valores que cada escola adota como metodologia de aquisição de conhecimento? Em se tratando de Arte, quais as conexões, repertórios e parâmetros adotados em relação aos percursos da Arte e sua história? É necessário considerar que cada escola em si, pela sua própria locação geográfica e condição econômica, naturalmente direciona e adota este ou aquele modelo sociocultural de aquisição de conhecimento e, consequentemente, formação (ou formatação) de sensibilidades e inteligências.

São algumas observações que se pretendem atentas aos diferentes modos de aquisição, para não generalizarmos um modelo abstrato como método e considerarmos as qualidades circunstanciais de cada comunidade, cada escola, cada criança. Uma possível compreensão de como acontece a aquisição da linguagem do desenho dentro do contexto escolar implica, justamente, pensar sobre os fatores que provocam impasses, resistências, dificuldades que podem se revelar quando estamos diante de uma folha de papel em branco... e as respostas se encaminham em direção a possibilidades, recursos, metodologias e procedimentos para que, como educadores, possamos ativar comportamentos criativos com o intuito de dissolver tais congelamentos que comprometam e empobreçam o desenho como linguagem expressiva e, com o desenho, o próprio sujeito, no caso, a criança.

Além destas considerações sobre o contexto escolar em si, seria fundamental atualizarmos o sentido de que o desenho, segundo as palavras precisas de Mário de Andrade em seu texto citado, é "um fato aberto" enfatizado por sua natureza claramente transitória e sua vocação passageira e, assim, fica *em aberto* a convocação de outras materialidades, espacialidades e temporalidades para que o desenho aconteça em outros suportes, além do lápis e do papel, atendendo à sua urgência expressiva.

Não podemos ignorar que, no contexto escolar, os instrumentos e os materiais utilizados para desenhar são, comum e praticamente, os mesmos utilizados para escrever: o lápis, a caneta e o papel. Surge aqui outra pergunta a ser formulada: quais seriam as ressonâncias geradas na criança, dentro do contexto escolar, ao utilizar o mesmo material e instrumento (papel e lápis) tanto para desenhar quanto para escrever?

O que podemos observar é que, na maioria dos casos, as crianças deixam de desenhar quando começam o aprendizado da escrita e, provavelmente, um dos fatores que podem contribuir para essa "substituição" seria exatamente a perda de sentido do papel e lápis como instrumentos de expressão, agora entendidos como instrumentos funcionais. E quando esses materiais passam a ser utilizados de forma funcional, de certa maneira a mão, o olho, o corpo inteiro incorporam outra relação afetiva e efetiva com o lápis e o papel que, agora, solicitam um controle, um domínio do corpo inteiro, necessário para o aprendizado da escrita.

A mão e o olho ficam domesticados por conta dessa demanda; somam-se a isso as expectativas nascentes da exigência da representação no início do Ensino Fundamental, isto é, quando, para qualquer rabisco involuntário, que nasce de vontades descompromissadas do corpo, se solicita um nome, uma designação, uma legenda: o que é isto? O que isto significa?

Seria relevante considerar que a escrita, em suas origens, tem, natural e estruturalmente, uma proximidade e uma intimidade com o desenho, tanto pela atitude gráfica quanto pela natureza icônica das primeiras letras que se aproximavam da designação e representação das coisas do mundo através de símbolos gráficos. Escrever e desenhar possuem, de fato, algum parentesco, já que na origem da palavra estão embutidas fontes imagéticas e icônicas. Porém cabe aqui explicitar que, em nossa realidade ocidental, cuja escrita é oriunda de um sistema fonético, de certo modo perdendo os laços estreitos e originários com a relação íntima entre palavra e imagem, o que sobra desse parentesco é uma atitude gráfica que exige um controle para que as letras desenhadas tenham escala e legibilidade, mantendo a mão firme com a finalidade de a linha ser uniforme o suficiente para delinear as letras, exigindo-se um domínio corporal para que a escrita se realize na folha de papel.

Apesar da utilização dos mesmos materiais — o papel e o lápis —, tanto a escrita quanto o desenho ativam funções, objetivos, procedimentos, sistemas cognitivos e sensíveis distintos. De alguma maneira estas intersecções determinam e, em algum momento, cristalizam a experiência pura e prazerosa de rabiscar linhas, traços, marcas, vestígios, rastros, sinais sobre uma superfície branca, a folha de papel, abrindo-se para outro registro do imaginário. O que antes era ação expressiva torna-se agora ação funcional.

Talvez um dos grandes desafios, dentro das escolas, seria a recuperação do sentido originário da ação de traçar uma linha na superfície do papel, como resultante da conjunção mão — olho — gesto — instrumento, de maneira que a linha potencialize o arco extenso de um repertório gráfico, apreendido como resultante de uma atitude corporal, atitude esta que contém e convoca tanto o campo do sensível quanto do inteligível.

O desenho, visto como linguagem criativa e poética, enfatiza a linha — elemento constitutivo e estruturante do desenho — como singularidade e acontecimento, cujo traço revela a digital e o tônus do sujeito que desenha — a criança —, expressando tudo aquilo que nela, em particular, é único, através das variações de intensidade, espessura, ritmo, direção, velocidade... A linha traçada é a concretização material de uma ação movida pelo desejo, pela necessidade, pelo imaginário de um corpo, revelando a expressão plena da uma subjetividade capturada pelas distintas intensidades do traço.

> Parece-me ter traçado uma linha de fumaça. Segue, rompe-se, retorna, une-se de novo ou se enrola; e se entrelaça consigo mesma, dando-me a imagem de um capricho sem finalidade, sem começo nem fim, sem outro significado que o da liberdade de meu gesto no ângulo de meu braço... (Valéry, 1996, p. 87).

Ao compreendermos que a linha é fruto da conjunção mão — gesto — olho — instrumento mais do que uma subordinação *a priori* de um modelo representacional, em que o olho torna-se o general de todos os outros sentidos do corpo como modo de observar e absorver o mundo, talvez pudéssemos então afirmar que "a criança emprega seu corpo inteiro para desenhar", espelhando-se na afirmação de Merleau-Ponty, no seu magnífico texto fundante para a compreensão da passagem da Arte Moderna para o Contemporâneo, *O olho e o espírito*, quando diz: "O pintor emprega seu corpo para pintar".

No desenho, quando a linha passa a atender somente a uma função designativa e representacional, ajustando o corpo num certo tipo de dinamismo para reproduzir figuras calcadas num modelo clássico, isto é, quando o desenho se pretende como um duplo do real projetando figuras que sejam reconhecíveis, legendadas e ainda avaliadas como um bom desenho dentro desta visão, os parceiros — o corpo e a linha — se submetem para responder ao desejo desse modelo representacional. E o corpo se trai.

O que podemos subentender pela expressão *o corpo se trai*? Que esse corpo se organiza de forma exterior a ele mesmo para poder atender a uma relação funcional dirigida para a produção de *linhas que desenham*, respondendo com competência e eficiência a esta demanda e, ao mesmo tempo, se distanciando de outra ideia de desenho conectada com uma compreensão de linha como fruto da conjugação originária entre mão — gesto — olho —material — instrumento — suporte.

Quem sabe caminhando por esta outra via de compreensão, a linha compareça, no campo do papel, como expressão da potência de um corpo que convoca, por um lado, sua singularidade e tonicidade únicas e, por outro, sinaliza o índice cultural aportado pelas referências espaçotemporais de cada época, de cada comunidade, que estão inevitavelmente gravadas em nossa matriz corporal.

Quem sabe a linha se torne a protagonista de um campo de acontecimentos potente, não comparecendo apenas como elemento submisso a uma ordem e a uma organização da linguagem *a priori*, e assim cumprindo a vocação máxima do desenho como linguagem expressiva que revele os traços poéticos da subjetividade humana, em nosso caso, as crianças e nossas infâncias adormecidas.

Referências

ANDRADE, Mário. Do desenho. In: ______. *Aspectos das artes plásticas no Brasil*. Belo Horizonte: Itatiaia, 1979.

MERLEAU-PONTY, Maurice. *O olho e o espírito*. São Paulo: Abril Cultural, 2004. (Col. Os pensadores.)

VALÉRY, Paul. *Eupalinos ou o arquiteto*. São Paulo: Editora 34, 1996. p. 87.

7

A "didática da maravilha": um novo paradigma epistemológico

Elisabetta Nigris

> Os gregos diziam que a maravilha é o início do saber e quando paramos de maravilhar-nos, corremos o risco de parar de saber.
>
> *Ernst H. Gombrich*

Muitas vezes, a didática foi interpretada como um conjunto de regras, receitas e técnicas a serem aplicadas ao ensino de modo prescritivo, ousaria dizer quase determinístico.

Tudo se retoma a partir dos movimentos do modelo tradicional, de ensino transmissivo, cujo percurso é marcado pelas páginas dos livros de texto, e a ação didática acontece unicamente entre as quatro paredes da sala de aula, voltada para a promoção de prestações e produtos pré-definitos: o professor está no centro do processo e pouco é concedido à livre expressão das faculdades cognitivas, socioafetivos e metacognitivas dos sujeitos que aprendem assim passivamente. Essa abordagem remete à ideia de que a motivação e o desejo de conhecer devem constituir um pré-requisito fundamental e irrefutável de todo ser humano, algo inato que todo aluno considerado "normal" deveria trazer como dom. Deste modo, delega-se ao indivíduo que aprende, às suas atitudes "genéticas", à sua motivação intrínseca ou à falta delas, a predisposição para aprender de forma eficaz, de responsabilizando a escola e os professores com relação ao eventual (e cada vez maior) desinteresse diante das propostas da escola e do consequente insucesso da formação. A escola e os professores muitas vezes denunciam esta suposta "vontade" de não se sair bem na escola, ou pelo menos de não empenhar-se para que isso ocorra, quase como se os alunos escolhessem deliberadamente o caminho do insucesso.

Esse é o modelo dentro do qual nós, adultos, fomos formados e ao qual as novas gerações estão ainda em grande parte submetidas. E aqui está o problema, sobretudo se pensarmos naquela parte do mundo infantil e juvenil que provém de contextos culturalmente limitados. Se quisermos romper esse círculo vicioso, é necessário que nós, adultos, e, em particular, aqueles de nós responsáveis profissionalmente pelos processos educativo e didático, detenham-se um momento para observar as crianças e os jovens, tentando entender para quais direções eles escolhem canalizar suas energias, o seu desejo de conhecer, a sua vontade de colocar-se à prova, apesar das direções que gostaríamos de impor-lhes abstratamente. Deveríamos parar para observar, por exemplo, Bernardo, um menino mexicano de dois anos descrito por Berta McGregor (2010), que, durante uma excursão organizada pelos adultos para ver as baleias, ficava fascinado pelas pequenas bolhas que o barco produzia com o seu movimento no mar; ou então Lorenzo, que em vez de supreender-se com a erupção do vulcão que o haviam levado para visitar, decide colecionar pedras e classificá-las como faria um geólogo.

Deste modo se descobriria que, como afirma Gianfranco Staccioli, no ato educativo não se deve "apressar, porque o importante está acontecendo aqui e agora" (p. 57): a todo momento, em todo lugar, cada evento pode constituir uma experiência de aprendizagem, se — como afirma Claparède (1967) — o adulto, o professor, partir, antes de mais nada, do desejo autêntico de conhecer e de descobrir da criança e não de um modelo adultizado e asfixiante de *curriculum* escolar. E cada criança pode ser considerada um cientista na descoberta das leis da natureza (em sentido biológico, físico, psicológico...).

Como bem expressa Rimondi (2003), para ir nesta direção

> [...] será necessário um trabalho de escuta paciente e apaixonada para entender as crianças [...]. Tentam pela primeira vez perceber certas coisas [...]. Tentando encontrar relações a conectar entre eles para entender modos de existir e modos de realizar trocas, para compreender arranjos e complexidades de um mundo que é pano de fundo para a normalidade das coisas normais, ensinando e aprendendo a saber falar das coisas como são e de si em relação a elas (p. 38).

Um trabalho de escuta e observação que nos levará a descobrir que cada experiência, cada lugar, cada processo — para ser esmiuçado — remete a uma miríade de saberes especializados, de saberes convencionais e, portanto, de áreas curriculares.

Para refletir de forma sistemática sobre essas simples observações que, por outro lado, remetem ao complexo mundo da mente da criança, é preciso deter-se sobre o que a mais inovadora pesquisa psicopedagógica e didática estudou nas últimas décadas, evidenciando como a construção de aprendizagens significativas (sociocognitivas, afetivorrelacionais, metacognitivas...) explicita-se em percursos que tomam forma a partir dos discursos, das observações das crianças, das relações que elas instauram entre si, com os adultos e com o mundo externo. A curiosidade em relação ao mundo e à existência (o nascimento, a morte, origem das coisas, o que existe e não existe, o tempo... as relações), a necessidade de entender e ir além das explicações convencionais, de se dar respostas e resolver problemas são conaturais à criança e, portanto, o professor é aquele que "conduz as crianças no caminho que leva para fora: este caminho é aquele que é naturalmente próprio da criança, devido à sua atitude substancial de se lançar, movida pela curiosidade e pela fantasia", e o acompanhador deveria tentar seguir "esta disposição autêntica da criança, facilitando-lhe as ocasiões de encontro com o outro" (Rimondi, 2003, p. 39).

Para nos movermos nesta direção, é indispensável superar a dualidade corpo-mente, a dicotomia entre o tempo de fazer e o tempo de pensar, que caracteriza os velhos esquemas de pensamento segundo os quais as emoções e os afetos representam unicamente um obstáculo à aprendizagem. Razões e afetos devem ser integrados entre si, porque é justamente através das emoções que se adquirem aprendizagens e conhecimentos. Como nos sugere R. C. Pianta, "o substrato da vida da classe é social e emocional" (1999, p. 39), e as crianças têm competências cognitivas como a compreensão dos estados emocionais e mentais, próprios e dos outros, a habilidade de se comunicar com os pares de forma sofisticada, as capacidades de raciocínio e de solucionar problemas. O desejo de crescer e de ser autônomo convive com comportamentos regressivos e com a dimensão emocional que, além do prazer, acompanha o medo, a raiva, a tristeza, reações emocionais em que a imaginação desempenha um papel importante também para a solução desses problemas.

Angelo Rimondi (2003, p. 39) descreve bem esse entrelaçamento entre o mundo do corpo, simbólico-afetivo e cognitivo que leva as crianças a produzirem o irrepetível.

> O contato primordial com as coisas, com os corpos, consigo próprios, um contato que gostava de chapinhar, de esguichar, de se sujar, de se enlamear, de rolar, de trepar e ficar pendurado balançando, de ficar em equilíbrio, de cair até se machucar... atrás de rodas de bicicletas... até fazer dodói, sair sangue, arrancar a pele, [...] e pôr aquelas gazes, aquelas faixas, aqueles curativos que podiam ser apenas, entre nós, o símbolo de um empresa heroica e venturosa... que nos ensina a sermos "doutores", observadores minuciosos das suas grandezas, das suas dimensões... Porque depois era na comparação daquelas medidas que

se perdia o prestígio e então era necessário aprender a olhar as formas, os crescimentos, as maturações, o pus, a cura e todos os detalhes.

A evolução da consciência consiste, de fato, na construção de significados culturais e subjetivos e ocorre através do desenvolvimento das representações sensório-motoras, icônico-topológicas e dos mundos experimentais e simbólicos ligados a eles (Vigotsky, 1939; Bruner, 1986).

Podemos dizer que uma didática que constrói contextos e estratégias que facilitem a aprendizagem só pode adotar o que Baumgarten (1998) define como abordagem "estética", em que a estética é entendida como "ciência da cognição sensitiva", refere-se aos sentidos e às emoções. É reencontrar uma admiração antiga pelas coisas de todo dia, como afirma o artista Marcel Duchamp, entrelaçando a arte com a vida. Anceschi (1936), de fato, afirma que a abordagem estética não diz respeito apenas à arte em si, à obra de arte em si, mas é expressão da admiração: é constituída pela oscilação dos estados de espírito diante de qualquer experiência "fora de nós", "fora de si mesmo", justamente como o sentimento que "liga um sujeito à obra de arte" não pode ser apenas o sentido do belo (por si mesmo, difícil de se definir), mas o sentimento da surpresa, a experiência de vertigem e o sentido do risco que caracterizam todas as experiências que não se dão apenas no plano estritamente racional. Como quando olhamos objetos comuns, transportados a um museu, como se fosse a primeira vez, descontextualizados de seu espaço de costume e do seu valor de uso, em uma tentativa de lançar nosso olhar sobre a vida cotidiana, de renovar o contato com as coisas, de reacender os olhares apagados com a centelha da admiração. Conscientes de que esta atenção em relação à nossa própria vida, que pretendemos dos visitantes de qualquer museu, precisa ser transferida para toda ação realizada com/para as crianças. Nesse sentido, a didática adquire um dimensão revolucionária e emancipatória, se for traduzida em uma forma de tornar capaz de alimentar aquela admiração, aquela maravilha, de despertar o desejo de conhecer, como diria Dewey (2004), que a criança possui em relação ao estar no mundo, ao seu corpo, ao mundo que o rodeia, à sua realidade interior. A didática tradicional se transforma, portanto, naquela que podemos definir a "didática da maravilha". Por outro lado, é justamente essa capacidade de se surpreender, esse sentimento de admiração que acompanha todo ato de conhecer da criança, toda tentativa de explorar e compreender o mundo, como na experiência proposta por Mattia de oito anos à sua classe, inspirando-se nas atividades desenvolvidas pelo professor e nas experiências reportadas em um manual. As reações dos companheiros, que lemos na conversa a seguir, são justamente de curiosidade e admiração.

Mattia traz todo o material necessário e um velho manual que explica a experiência.

Enche um copo com água com gás Levissima, com o acréscimo de anidrido carbônico, abre com os dedos algumas uvas brancas e tira suas sementes, limpa-as um pouco e as mergulha na água. Logo elas vão para o fundo e, em seguida, retornam lentamente até a superfície da água, depois descem de novo, a ponto de as crianças comentarem:

— A dança das sementes!

— As sementes-elevador!

— Parece que elas vão tomar ar!

— Por que será que fazem isso? (Sara)

— Essa água é potável? (Matteo Bracchi)

— Como se faz para parar essa experiência? (Marco)

— Vamos tentar colocar a uva também?

A uva afunda.

Davide: — As sementes sobem sempre duas a duas, não uma de cada vez, é assim quando descem também.

Lucas: — Parecem duas abelhas que vão pra cima e pra baixo, tomam um pouco de água e puxam a uva pra cima.

Camilla: — Parecem girinos.

Lorena: — Por que se você limpar eles boiam?

Eleonora: — Por que a uva não sobe?

Nicolò: — Porque é pesada.

Sara: — Parece que as sementes estão com soluço, pulam.

Noemi: — Queria dizer uma coisa ao Davide. Antes Mattia tinha colocado uma, depois colocou várias, e então muitas sobem e descem.

Martina: — Para mim, as sementes fazem como a gente quando está na piscina. Quando a gente encosta no fundo, depois boia porque não tem ar.

Laura: — Parece que fazem de propósito subindo e descendo.

Matteo Cattelini: — Vamos tentar com água natural?

Giulia: — Quando descem e encostam na uva, parece um tapete elástico, voltam pra cima de novo.

Mattia: — Queria dizer uma coisa a Matteo Cattelini. Se usar água natural não funciona, porque na água com gás tem anidrido carbônico e essa substância se junta ao redor dessas sementes e as leva para cima, depois as bolinhas estouram e as sementes voltam para baixo.

Eleonora: — Mas aquelas que estão embaixo da uva não sobem.

Camilla: — Talvez por causa das sementes, essa é a piscina delas.

Matteo Bracchi: — Quando Mattia falou, não entendi aquela palavra: é devoção carbônica?

Davide: — Mas o que isso? Essa coisa aí, carbônico?

Laura: — Um dia eu tentei colocar açúcar em um pouco de água com gás, espumava/fervia, porque...

Professor: — Pense nisso.

Martina: — As sementes maiores, que são duas ou três, estão embaixo da uva, elas puxam a uva para cima e sobem também.

Fábio: — Mas por que se você limpar elas boiam e não voltam para o fundo?

Eleonora: — Mas sobem também em três.

Andrea: — Se você tentar pegar muitas sementes e limpá-las, elas querem subir e boiar. Se você colocá-las embaixo da uva, ela também sobe.

Marco: — Mas não sobem três de uma vez, é o copo que faz ver três ou duas.

Laura: — Queria dizer uma coisa a Matteo Bracchi. Aquela palavra que você não tinha entendido era anidrido carbônico.

Matteo Bracchi: — Não tinha entendido o que significava.

Marco: — Para que serve?

Chiara: — Mas o que é anidrido carbônico?

Martina: — Queria dizer uma coisa sobre as sementes: é a água com gás que faz hidromassagem nelas?

Matteo Cattelini: — Na minha pasta eu tenho um livro da biblioteca que também fala de anidrido carbônico.

Davide: — O que é anidrido? Quer dizer que está na água ou o quê?

É justamente essa capacidade de admiração — que não experimentamos como algo natural na nossa infância —, que temos de evitar inibir ou censurar com a ação educativa e que, aliás, a *didática da admiração* pode contribuir para reforçar e potencializar, mantendo até mesmo por anos, além daquela idade cronológica, que Carl Jung (1992) define como "a eternidade presente da própria infância", o mundo que levamos conosco desde que somos crianças e que constitui a nossa *anima*, a nossa essência mais autêntica.

Por outro lado, é interessante que mesmo no âmbito científico, para descrever a sua atividade "criativa", R. Feyman, Prêmio Nobel de Física, conta que aquilo que "fomentou" e guiou a sua atividade criativa foi "uma jocosa curiosidade e capacidade de observação": o físico conta que a sua descoberta em relação ao movimento rotatório (o fato de ele ser ao mesmo tempo oscilatório) aconteceu em um bar, enquanto "não fazia nada" olhando ao redor e onde viu um pratinho escapar da mão de um garçom, notando que o movimento rotatório era acompanhado também da oscilação. R. Sperry, Nobel de Fisiologia e Medicina, lembra que para ele também o pensamento criativo toma forma quando se usam os dois hemisférios do cérebro, ou seja, a racionalidade com o conhecimento de tipo emocional, simbólico-afetivo e de imaginação poética. O Prêmio Nobel August Krogh também ressalta o papel do "pensamento visual" como processo consciente e racional que o conduziu às suas descobertas, na narração de sua abordagem da pesquisa: "grande parte do meu trabalho eu desenvolvi à noite na cama onde procurava *imaginar* os processos que tinha que investigar e as experiências que tinha que conduzir" (p. 103).

Anaya Juan Mata (2009), estudioso espanhol do campo da Educação Artística, remetendo ao pensamento do filósofo e psicanalista Cornelius Castoriadis, aprofunda esse tema e afirma: o imaginário é *el radical*, constitui o radical, vai a fundo nas questões; na nossa cultura há ainda separação entre imaginação e pensamento e, no entanto, quando imaginamos um mundo possível, nós o estamos pensando, projetando.

Todos os aspectos que, na classe, na escola, são sistematicamente descuidados, quando não penalizados como algo supérfluo ou até mesmo danoso. Por outro lado, sintetizando essas experiências, o Prêmio Nobel Beckett, para descrever a sua atividade criativa, nos conta: "A minha exploração diz respeito àquela parte do nosso ser que foi sempre deixada de lado... como algo inútil... incompatível com..." (p. 108).

Mesmo para as crianças, o momento da imaginação se funde com o da experiência cotidiana e com o pensamento racional, como nesta conversa que aconteceu em um quarto ano do ensino fundamental de Valtellina (Itália):

> *Professora*: — Vocês nunca pensaram no corpo de vocês que cresce?
> *Sabrina*: — Nosso corpo começa a crescer quando a gente nasce.
> *Enrico*: — Eu acho que o corpo cresce com os glóbulos vermelhos e brancos.
> *Nicola*: — Eu acho que o corpo cresce com o passar dos anos e com o tempo, e depois se fica velho.
> *Marika*: — Eu acho que o corpo cresce e a cada dia a gente se torna um pouco mais velho.
> *Michela*: — Eu acho que cresce quando a gente dorme.
> *Enrico*: — Eu acho que cresce se a gente comer um pouco demais.
> *Riccardo*: — Se a gente come um pouco demais engorda, não fica mais alto.
> *Martina*: — Eu acho que o corpo cresce quando nós fazemos aniversário.
> *Sabrina*: — Talvez o corpo cresça todo dia um pouco.
> *Riccardo*: — É verdade o que a Sabrina falou, se a gente comer muito não fica mais alto.
> *Ivan*: — Eu acho que a gente cresce um milímetro por dia.
> *Giulia*: — Eu acho que o corpo cresce toda semana.

Riccardo: — Se a gente crescesse todo dia um milímetro, agora eu seria um micróbio. Nos livros dizem que os glóbulos vermelhos levam oxigênio, como é que fazem a gente crescer? Saem e puxam a gente.
Sabrina: — Os glóbulos vermelhos fazem a gente crescer, fazem a gente respirar.
Riccardo: — Quando eu nasci pesava 5 quilos, agora que sou maior, peso 30 quilos.
Emanuele: — Quando era pequena e tinha apenas três anos, acreditava que as crianças recém-nascidas fossem muito pequenas.
Ivan: — Quando a gente nasce mede 2 cm.
Marika: — Não é verdade que a gente mede 2 cm, a gente é um pouco maior.
Emanuele: — Não é verdade o que falou a Michela, que a gente cresce quando dorme. Uma noite eu acordei porque estava com dor de garganta e fui tomar um copo de água, eu estava com a mesma altura de quando tinha ido dormir.
Nicola: — Meu irmão, desde quando fez seis anos, cresceu 5 cm.
Riccardo: — É, mas eu tenho priminhos pequenos: um fez um ano ontem, o outro tem só dois meses e não são tão pequenos assim, como falou o Ivan.
Nicola: — A gente cresce um pouco "de fora", mas cresce também na barriga da mãe.
Martina: — Na barriga da mãe, no início, a gente é uma sementinha muito pequena e depois a gente cresce um pouco.
Chiara: — Não é verdade que quando a gente nasce mede só 2 cm, senão a gente seria como o dedo polegar da mãe.
Michela: — Eu errei quando falei que a gente cresce de noite, quando a gente come, cresce por causa da comida.
Daniel: — À noite o corpo descansa.
Martina: — Eu acho que a gente cresce quando anda.
Sabrina: — De noite não é só a gente que descansa, o corpo também.
Enrico: — Quando eu era pequeno (recém-nascido) tinha 49 cm: minha mãe disse.
Ivan: — Quando a gente dorme, o corpo descansa senão a gente morre, porque se o corpo não carregar mais oxigênio a gente morre, porque não consegue mais respirar. Se o corpo não descansar o sangue não chega mais ao coração e a gente morre.

Michela: — Uma noite eu tinha estudado uma poesia de Natal, li na noite antes de dormir. O cérebro trabalhou de noite e de manhã e sabia bem a poesia.

Sabrina: — Antes eu pensava que o corpo descansava e, enquanto isso, os glóbulos vermelhos e os outros... trabalhavam.

Riccardo: — A noz é maior que a voz. Minha vó diz isso quando eu minto. Não é verdade o que o Ivan falou, que a gente tinha só 2 cm assim que nasceu.

Sabrina: — Mas talvez o corpo cresça todo mês.

Jessica: — Eu li no meu livro que quanto mais os dias passam, mais a gente cresce.

Nicola: — Quanto mais a gente fica velho, maior a gente fica, meu pai quando era mais novo era menor, agora é maior.

Enrico: — O corpo trabalha de noite também.

Chiara: — Enrico tem razão, mas a gente descansa de noite.

Carlo: — A gente cresce só até os 40 anos ou pouco mais, depois não cresce mais.

Michela: — Se a gente não aprende de pequeno a esquiar, depois de grande não aprende direito. Minha vó começou a esquiar quando era grande e continuava a cair. Agora não é capaz.

Giulia: — Até os 40 anos se cresce e depois se abaixa.

Enrico: — Carlo não tem razão porque minha vó tem 90 anos e continuou crescendo.

Emanuele: — Se você tomar muito café fica pequeno, minha mãe diz isso. Só os grandes podem tomar café.

Jessica: — Quanto mais a gente cresce, mais envelhece.

Marika: — Minha mãe toma café toda noite, mas não fica pequena.

Ivan: — Não é verdade que um recém-nascido pesa 5 quilos. Meu gato, que é menor do que a gente era quando nasceu, pesa 6 quilos.

Riccardo: — Mas então, eu sou um gato, a gente não é igual aos gatos.

Michela: — Minha mãe disse que se tomar café de noite, ela não dorme mais.

Sabrina: — Não é verdade o que o Ivan disse, a vida do gato é diferente da nossa.

Ivan: — Quando a gente completa um ano os gatos completam 7.

Chiara: — Minha mãe disse que ficar de pé faz ficar grande.

Arte e ciência, imaginação e pensamento, observação e reflexão nas crianças, assim como nos cientistas, estão sempre entrelaçados, como na experiência didática conduzida em uma primeira série do fundamental de Milão, a partir de uma atividade de laboratório da qual as crianças participaram dentro do Museu de Ciência de Tecnologia e que foi terminada no Museu da Fundação Arnaldo Pomodoro.

Foi a primeira ida da classe a um museu para participar de uma atividade científica relacionada a bolhas de sabão: a partir da observação científica do fenômeno, as crianças haviam levantado vários quesitos e tinham encaminhado diversas experimentações na classe. Foi justamente refletindo sobre como as bolhas não saem quadradas que as crianças, com a ajuda do professor, tinham notado a propriedade das bolhas de deformar imagens. Esse mesmo tipo de deformação foi encontrado em várias obras de arte contemporâneas trazidas pelo professor que, posteriormente, havia levado as crianças a um aprofundamento junto ao Museu da Fundação Arnaldo Pomodoro de Milão, onde há uma mostra de artistas contemporâneos. Visitando a mostra e refletindo sobre as esferas do escultor Arnaldo Pomodoro, tinham encontrado justamente seu percurso de conhecimento e experimentação artístico-científica.

Como afirma Bettelheim (1990), talvez os museus e também todas as ações educativas que envolvam as crianças sirvam "para encantar, [...]. Para dar a elas a possibilidade de experimentar a maravilha, uma experiência da qual necessitam desesperadamente, hoje que a vida cotidiana foi despida de todos os milagres que épocas as mais religiosas sabiam compreender em toda parte e em tudo. [...] Porque em um mundo que não fosse cheio de maravilha, não valeria a pena crescer e viver" (p. 164).

O percurso didático desta primeira série do ensino fundamental inicialmente não previa este "desvio de rota" artístico e nos museus, mas seguiu o fio das perguntas, das dúvidas, das curiosidades e da capacidade de as crianças se maravilharem mais de uma vez; em um mundo e em uma "didática das maravilhas", nada é previsível aprioristica e tecnicamente, como queriam as unidades didáticas tradicionais.

Como nos dizem De Vecchi e Carmona Magnaldi (1999), pesquisadores no campo da didática, de fato, os cientistas e as crianças, em seus processos de conhecimento, procedem da mesma forma, sem uma ordem preestabelecida, às vezes até mesmo de maneira quase desordenada, "um pouco um cão de guarda na frente de uma casa, que segue percursos alternativos, em zigue-zague, indo para frente e depois voltando" (p. 32). E então, que características precisa ter uma didática que possa ser definida "didática da maravilha", que saiba promover a admiração, que saiba partir das curiosidades divertidas dos alunos; que se detenha nas bolhas de água e não sobre o projeto do adulto, mesmo quando pode parecer fascinante, como ver baleias; que dá vida e acolhe o pensamento divergente, o pensamento que nasce não somente da intenção mas também do erro, como no caso de Fleming que descobre a penicilina "por engano", "por desordem", porque esquece a janela aberta e o laboratório se enche de bactérias e esporos. Como Fleming, que disse de si mesmo "não vou descobrir nada se tudo estiver limpo", as crianças também não vão descobrir nada se tudo estiver em ordem, tudo pré-estruturado (não só do ponto de vista lógico-textual, mas também da organização das atividades ou dos materiais com os quais se experimenta).

Portanto, como afirmam De Vecchi e Carmona Magnaldi (1999), é uma didática na qual o adulto, o professor, é antes de mais nada capaz de tolerar a desordem, pelo menos o caos inicial e aparente a partir do qual pode nascer o pensamento complexo, o pensamento alto, o pensamento divergente.

Uma didática "sem apagamentos", que permita às crianças aprenderem a partir de seus erros, elaborarem *respostas e estratégias diferentes* daquelas previstas pelos adultos/professores e que as encorajem a *desmentir* as hipóteses, mais que verificá-las — mesmo porque na realidade e na ciência nem sempre se verificam as hipóteses consideradas provadas. Uma didática que leve em consideração aqueles *imprevistos esperados* que dão forma a percursos didáticos realmente formativos; uma didática que põe dúvidas e suscita perguntas mais que incita a responder a questões distantes para as crianças, até mesmo irrelevantes e incompreensíveis.

Enfim, uma ação didática na qual o professor e o aluno estão envolvidos em um processo comum, justamente como, para Anceschi (1936), o artista e o fruidor de uma obra. Para concluir, com Bruno Munari (1986) deveríamos, portanto, nos perguntar se a "didática da maravilha" teria de promover o entendimento ou a compreensão? De fato, o maior obstáculo para a compreensão de uma obra de arte, assim como de um aspecto da vida, é querer entender. Muitas vezes, entender quer dizer seccionar e dar definições que enquadrem o objeto do conhecimento em um esquema preordenado, "compreender ao contrário possuir com os próprios meios entrando em um contato estreito que deixara marcas indeléveis, fixadas na memória do vivido emotivo" (p. 74). Uma abordagem eficaz para as obras de arte, como para qualquer ação que vá no sentido do conhecimento do mundo, do outro, consiste em uma "atividade de pesquisa e aprofundamento teórico para relacionar as experiências concretas de produção individual e coletiva em situação de laboratório" (p. 75).

Referências

ANAYA, Juan Mata. Lectura como experiencia ética. In: ______. *Sociedad educadora, sociedad lectora*. Ediciones de la Universidad de Castilla-La Mancha, 2009.

ANCESCHI, L. *Autonomia ed eteronomia dell'arte*: sviluppo e teoria di un problema estetico. S/l: GC Sansoni, 1936.

ANTONIETTI, A.; CANTOIA, M. *La mente che impara*: percorsi metacognitivi di apprendimento. Florença: Nuova Italia, 2000. p. 46-7.

BAUMGARTEN, A. G. *Lezioni di Estetica* (ed. italiana de S. Tedesco). Palermo: Aesthetica, 1998.

BETTELHEIM, B. *La Vienna di Freud*. Milão: Feltrinelli, 1990.

BISUTTI, D. *La poesia salva la vita*. Milão: A. Mondadori, 1992.

BRUNER, J. S. *Saggio per la mano sinistra*. Roma: Armando Edit., 1968. p. 44-5.

BRUNER, J. S. *La mente a più dimensioni*. Bari: Laterza, 1988 [1986].

______. *La ricerca del significato*. Turim: Boringhieri, 1992.

CALVANI, A. *Elementi di didattica*: problemi e strategie. Roma: Carocci, 2006.

CAMBI, F. *Manuale di storia della pedagogia*. Bari: Laterza, 2004. p. 302.

CARUGATI, F.; SELLERI, P. *Psicologia sociale dell'educazione*. Bolonha: Il Mulino, 1996.

CLAPARÈDE, E. *Psicologia del fanciullo e pedagogia sperimentale*: lo sviluppo mentale. Florença: Giunti Barbera, 1967.

DALLARI, M.; FRANCUCCI, C. *L'esperienza pedagogica dell'arte*. Florença: La Nuova Italia, 1998.

DE VECCHI, G.; CARMONA MAGNALDI, N. *Aiutare a costruire la conoscenza*. Florença: Nuova Italia, 1999. p. 32.

DEWEY, J. *Esperienza e educazione*. Florença: La Nuova Italia, 2004 [1938]. p. 5-6.

DOISE, W.; MUGNY, G. *La costruzione sociale dell'intelligenza*. Bolonha: Il Mulino, 1982.

FRANCUCCI, C. Esperienze. Un oggetto presunto noto. In: ______; VASSALLI, P. (Coord.). *Educare all'arte*: immagini. Esperienze. Percors. Milão: Mondadori Electa, 2009. p. 66.

GANDOLFI, E.; GAY, Cialfi R. *Storia dei modelli educativi*. Bérgamo: Juvenilia, 1987. p. 253.

GOMBRICH, Ernst H. *Arte e illusione*. Turim: Einaudi, 1960.

JUNG, C. G. *Ricordi, sogni, riflessioni* (ed. Aniela Jaffè). Trad. it. Rizzoli Bur. Milano, 1992.

LA BARACCA TESTONI RAGAZZI. *La creazione di mondi possibili. Incontri con il prof. Juan Mata Anaya sull'etica e la poetica per l'infanzia*. A cura de "Lo sguardo altrove" osservatorio del festival "Visioni di futuro, visioni di teatro... quarta edizione, marzo 2008", Bologna. Comune di Bologna – Settore Istruzione e Quartieri cittadini, Provincia di Bologna — Coordinamento Pedagogico Provinciale, 2008.

MANNUZZI, P. *Pedagogia del gioco e dell'animazione*. Milão: Guerini Studio, 2002.

MASSA, R. Voce "Dewey". In: ______. *Enciclopedia Garzanti di filosofia*. Milão: Garzanti, 1981.

______. *Istituzioni di pedagogia e scienze dell'educazione*. Bari: La Terza, 1990.

______; CERIOLI, L. *Sottobanco*. Le dimensioni nascoste della vita scolastica. Milão: Franco Angeli, 1999.

MATA, J. *La creazione di mondi possibili*. Bolonha: Teatro Testoni Ragazzi di Bologna, 2009.

MIGLIORINI, P. *I Premi Nobel*: La vita, le scoperte e i successi dei premiati in fisica, chimica, medicina, letteratura, pace, economia dal 1901 al 2011. Milano: Book Time, 2011.

MCGREGOR, B. Wonder wisdom. *Wonder, Newsletter of the Nature Action Collaborative for Children*, p. 89-90, July/Aug. 2010.

MONTESSORI, M. *La scoperta del bambino*. Milão: Garzanti, 1991. p. 50.

MORTARI, L. *La ricerca per i bambini*. Milão: A. Mondadori, 2009.

MUNARI, B. Dal laboratorio al museo: per una metodologia di comunicazione del sapere. In: ______. *Museo Internazionale delle Ceramiche di Faenza*, 1986, p.72-7.

NIGRIS, E. *Didattica generale*. Milão: Guerini, 2004.

______. *Le domande che aiutano a capire*. Milão: Bruno Mondadori, 2010.

______. Cosa vale la pena di cambiare nell'insegnamento delle scienze. Relazione al convegno *Questa è Scienza*. Milão: Fondazione Cariplo, 11 apr. 2008.

______; NEGRI, S.; ZUCCOLI, F. *Esperienza e didattica*. Roma: Carocci, 2007.

PIAGET, J. *La nascita dell'intelligenza nel bambino*. Milão: La Nuova Italia, 2000 [1936, 1947]. p. 4-5.

PIANTA, R. C. *Enchancing relationships between children and teacher*. Washington: American Psychology Association, 1999. [Trad. it.: *La relazione bambino-insegnante*: aspetti evolutivi e clinici. Milão: Raffaello Cortina Editore, 1999.]

PONTECORVO, C.; AJELLO, A. M.; ZUCCHERMAGLIO, C. *Discutendo si impara*. Roma: NIS, 1995.

RIMONDI, A. *Gaia Scienza. Teatri di animazione ecologica dalla scuola dell'infanzia alla scuola di base.* Mettere in forma il mondo. Bergamo: Edizioni Junior, Azzano S. Paolo, 2003. v. 1, p. 39.

ROGOFF, B. *La natura culturale dello sviluppo.* Milão: Cortina, 2004.

ROUSSEAU, J. J. *Emilio.* Brescia: La Scuola, 1981. p. 36.

SCLAVI, M. *Arte di ascoltare e mondi possibili.* Milão: Le Vespe, 2000. p. 126-7.

SIEGAL, M. *Conversazione e sviluppo cognitivo.* Milão: Cortina, 1999.

______; PETERSON, C. C. Conversazione, sviluppo cognitivo e teoria infantile della mente. In: SEMPIO, O. L.; MARCHETTI, A. *Il Pensiero dell'altro*: contesto, conoscenza e teorie della mente, 1995. p. 467-91.

STACCIOLI, G. *Tra le righe*: Vivere volentieri la scuola di base. Roma: Carocci, 1998.

VIGOTSKY, L. Storia dello sviluppo delle funzioni superiori e altri scritti. Florença: Giunti, 1978 [1939].

______. *Pensiero e linguaggio.* Florença: Giusti, 1966 [1934].

______. *Il processo cognitivo.* Turim: Boringhieri, 1976 [1967].

ZECCA, Luisa. Conversazioni con i bambini e stili educativi. In: AA.VV. *Appunti per una ricerca sugli stili.* Milão: Cuem, 2000. p. 145-68.

ZUCCOLI, F. *Dalle tasche dei bambini*: gli oggetti, le storie, la didattica. Azzano San Paolo: Ed. Junior, 2010.

Crianças pequenas e grandes, brasileiras e italianas

encontros da pedagogia da infância com a arte

Ana Lúcia Goulart de Faria

A professora deu uma saidinha da sala do pré e, quando voltou, encontrou uma grande modificação no que deixara: as crianças remexeram os móveis, se movimentavam com rapidez, falando alto, rindo, dando cambalhotas, subindo, pulando e descendo das cadeiras, enfim, divertiam-se, nada mais do que uma bela folia!!!!
Brava, a professora pergunta para o seu "queridinho": — Até você, Pedrinho?
E ele responde: — Ah, professora! Mas todos estão...
— Ah, então se todos pularem num abismo você também pula?
— Lógico professora, o que vou fazer aqui sozinho? (Caderno de campo, 2000)

Este texto é um registro do debate que mantive com Elisabetta Nigris, da Universidade de Milão Bicocca, sobre a organização do trabalho pedagógico na educação de crianças de 0-10 anos por ocasião da mesa-redonda coordenada por Mônica Pinazza no Seminário Infância e suas Linguagens, organizado por Marcia Gobbi na Faculdade de Educação (USP), em maio de 2011. Naquela oportunidade, problematizamos uma abordagem da didática que pretende contemplar a especificidade da educação infantil em creches e em pré-escolas e nos anos iniciais do ensino fundamental: a didática heurística ou, ainda, didática da maravilha, expressão cunhada por Nigris durante a tradução de sua fala do italiano para o português no referido congresso. (Ver seu texto neste livro, "A 'didática da maravilha': um novo paradigma epistemológico".)

Esta tentativa de escrita sob a ótica da educação da pequena infância, a partir da qual eu falo, pretende pelo menos uma descrição da temática abordada na referida mesa, que é produto de interlocução que venho desenvolvendo com pesquisadoras italianas da área da educação infantil desde 1992, quando fiz meu doutorado sanduíche-CNPq na Universidade estatal de Milão.

O fragmento que abre este meu texto aponta que as crianças preferem ficar com crianças e, assim, as pesquisas têm nos mostrado que formas de organizar o trabalho pedagógico centradas no(a) docente, transmissor(a) ou não de conteúdos (escolares ou não), desfavorecem manifestações irônicas, humoradas e defensoras do coletivo infantil como esta, na contramão do individualismo e da competição tão propagados em nossas escolas. E isso não quer dizer que o(a) docente perde sua função. Absolutamente. Está aí o desafio de propor outras formas de organização do trabalho pedagógico, já que hoje em dia vivemos outras concepções de infância e de criança. Outra formação é possível! Como nos diz o sueco Lars Gunnarsson (1994) "as crianças aprendem mesmo quando os adultos não têm intenção de ensinar". Aqui cabe a pergunta: Como desempenhar papel docente com essas crianças neste contexto educacional, embora não escolar (Faria, 2002)? Como educar crianças pequenas que não andam, não falam e/ou não leem nem escrevem as palavras e, no entanto, se movimentam sem parar e são comunicadoras por excelência, inclusive graficamente?

Estabeleço interlocução com a professora Elisabetta Nigris desde 1992, quando ela fazia pesquisa sobre diversidade com bebês em creche (e já tinha feito importante estudo sobre a diversidade e ciganos em Milão). No entanto, quando do meu recente semestre sabático/pós-doc CNPq, novamente na Universidade de Milão, agora na Bicocca, em 2010, com o objetivo de analisar a trajetória de 18 anos de Educação Infantil (EI) italiana vista daqui debaixo do Equador, retomei todas as mesmas profissionais da EI pesquisadas em 1992 (as docentes e pesquisadoras das universidades, além das(os) docentes e gestoras de redes municipais — creche — e estatais — pré-escolas). Foi então que encontrei a referida professora atuando na área da didática, embora não mais pesquisando creches, mas crianças da pré-escola e da escola primária (com se chama hoje a *scuola elementare*) e inclusive a educação de jovens no ensino médio.

A didática da maravilha construída e discutida por Nigris em seus livros (dentre outros, destaco *Esperienza e didatica*, pela Editora Carocci, com Franca Zuccoli e Silvia Cristina Negri, e *Le domande che aiutano a capire*, pela Mondadori) traz embutida sua vivência de pesquisadora de crianças pequeninas e, assim, contempla características infantis também da faixa etária dos 0-3 anos em ambientes coletivos de educação e cuidado. Está voltada, da mesma forma, às crianças que (e não só) são alunos(as) da escola primária, já maiores, com mais idade, com 6 a 10 anos (cabe lembrar que as leis brasileiras, em especial o Estatuto da Criança e do Adolescente (ECA), considera *infância* a faixa etária de 0-12 anos). Hoje algumas pessoas na Itália começam a chamar de "criança" [*bambini(e)*] os(as) alunos(as) da escola primária por "contaminação" da educação infantil, que tem a criança no centro do processo educativo. Afinal, em italiano a palavra *infanzia* diz respeito primordialmente às crianças de 0-6 anos, antes da escola obrigatória. Enfim, um outro paradigma, como diz Nigris, uma didática heurística, didática da descoberta, da maravilha (ver no seu texto deste livro a origem etimológica grega da palavra maravilha) atenta às perguntas que as crianças fazem, à produção de saberes em cumplicidade adulto/docente-criança/aluno, à aula como experiência. Diz-nos a própria Nigris:

> Podemos dizer que uma didática que constrói contextos e estratégias que facilitem a aprendizagem só pode adotar o que Baumgarten define como abordagem "estética", em que a estética é entendida como "ciência da cognição sensitiva", refere-se aos sentidos e às emoções (ver capítulo A "didática da maravilha": um novo paradigma epistemológico, de Elisabetta Nigris, neste livro).

Estamos iniciando uma pesquisa com dois grupos, um da Itália e um do Brasil, para verificar a organização do trabalho pedagógico e a didática no trabalho cotidiano com as crianças de creches, pré-escolas e anos iniciais do ensino fundamental, destacando as contribuições da educação infantil para a escola e vice-versa. Ela faz parte, ou melhor, é um desdobramento da minha investigação nas políticas, pesquisas e pedagogias na educação infantil da Itália e do Brasil, agora também voltada para a continuidade educativa das crianças de 0-10 anos de idade. Procura fazer uma interlocução profícua entre as ciências da educação e a arte para uma docência *específica* para a educação da infância de 0-10 anos, e as especificidades 0-3, 3-6 e 6-10-12 anos. Para isso, será interessante retomar as origens da *paideia* como ciência, arte e técnica em que, além de uma abordagem das ciências sociais destacando o lúdico, a imaginação, o corpo, as linguagens, é a arte que cumprirá um papel fundante ao defrontar-se com as ciências da educação numa perspectiva crítica, numa perspectiva da educação desconstrutiva e da didática indisciplinar, da noção de jogos de linguagem e jogos de práticas culturais (Miguel, 2010), de formação docente em oficinas (sem separar o pensar do fazer), centrada na experiência da criança. Portanto, isto exige outra organização do espaço físico, do tempo e dos materiais, com *performances* e instalações favorecedoras da produção das culturas infantis entre as crianças em convívio com adultos(as) docentes. Insisto, mesmo entre crianças que não andam, embora se movimentem sem parar, e crianças que não falam nem leem as palavras, que não escrevem com as letras, e mesmo assim são comunicadoras por excelência nas suas *100 linguagens*. Já dizia Loris Malaguzzi (1999), "não fazer da palavra um atalho para o conhecimento".

Notamos através do que as crianças, grandes e pequenas, fazem em creches, pré-escolas e escola, o tipo de formação de professores e professoras. Cabe problematizar essa formação de docentes (com ou sem diploma) que atuam na educação infantil com crianças de 0 a 5 anos e 11 meses em creches e pré-escolas, apontando lacunas existentes principalmente em relação à arte e ao corpo em movimento. No entanto, pesquisas recentes, TCCs, dissertações e teses, assim como documentações, registros, vídeos, CDs, mostram experiências originais, inventivas, com intencionalidade educativa dos(as) docentes que praticam uma pedagogia da escuta, uma pedagogia das relações e uma pedagogia da diferença. Tenho interpretado no Brasil essas características que as pesquisadoras italianas assim nomearam, chamando-as de "pedagogia macunaímica", por entender sua alta contribuição ante a exclusão social. Assim como o herói sem nenhum caráter (que possui todos eles: o do negro, o do branco e o do indígena), a pedagogia macunaímica é uma pedagogia antiadultocêntrica e de convívio com a diversidade, que promove o combate à desigualdade e denuncia práticas invisíveis de exclusão, enfim, defende um pensamento pós-colonial.

Os números são inventados ou descobertos?

O que inventamos? O que descobrimos?

Como educar para além de *um mundo que já existe*? (Malaguzzi, 1999)

O que aprendemos durante nossa formação docente não é automático, não é transferível imediatamente para a docência (Manferrari,

2011), no caso, falo da docência sem dar aulas para crianças pequenas. Os conhecimentos artísticos e as práticas artísticas deveriam estar ao lado de conhecimentos científicos em antropologia, demografia, sociologia, além da filosofia e da história, para a nossa formação docente inclusive estética. Quando me refiro que falta arte na formação não significa dizer, portanto, que falta aula de arte para as crianças e para os(as) professores(as) que então depois as tranfeririam para os alunos. Mas o que falta é a *arte de formar em arte*, como diz Annalia Galardini e Tonina Mastio (2002, conferência na Faculdade de Educação — Unicamp — "Direito à beleza"). Afinal, como diz Ferreira Gullar, *"a arte é necessária, pois só a vida não basta"*.

Luiz Carlos Freitas afirma que a Pedagogia é uma ciência da prática que busca suas bases epistemológicas em outras ciências. O italiano Roberto Mazza acrescenta que a Pedagogia é uma ciência da prática sem complexo de inferioridade. E eu, além disso, acrescento que em se falando de uma Pedagogia da educação infantil, também se faz necessária a arte a fim de dar cabo desta difícil e complexa tarefa de educar crianças em ambientes coletivos, mas não escolares.

Na educação infantil, trata-se de momentos intencionalmente organizados, articulando-se seus três atores constitutivos: família, crianças e docentes, e trazendo selecionadamente ambientes de vida para o contexto educativo. Para isto não basta apenas a formação acadêmico-científica com as ciências da educação. A formação em arte é essencial!

Coloco em seguida, como exemplo, intenções e utopias italianas que em muitas prefeituras têm a arte na formação docente da educação infantil. Trago aqui a carta com os 18 direitos à arte e à cultura elaborada pela Companhia de Teatro La Baracca, que faz a gestão do teatro infantil italiano de Bolonha, Teatro Testoni Ragazzi (La Barraca, 2011, p. 73).

Carta dos direitos das crianças à arte e à cultura

Toda criança tem direito:

— de se aproximar da arte em todas as suas vertentes: teatro, música, dança, literatura, poesia, cinema, artes visuais e multimídia.

— de experimentar as linguagens artísticas, pois elas são saberes fundamentais.

— de fazer parte dos processos artísticos que nutrem a inteligência emotiva de cada uma, e que ajudam a desenvolver a sensibilidade e a competência artística de uma forma harmônica.

— de desenvolver, através da relação com as artes, a inteligência corporal, semântica e icônica.

— de desfrutar dos produtos artísticos de qualidade, criados para todas as crianças, mesmo no que diz respeito à diferentes faixas etárias.

— de ter uma relação com a arte e com a cultura sem serem tratadas como consumistas, mas como sujeitos competentes e, além de tudo, sensíveis.

— de frequentar as instituições artísticas e culturais disponíveis na cidade, com a família ou com a escola, para descobrir e viver tudo o que o território oferece.

— de participar dos eventos artísticos e culturais com frequência, e não apenas ocasionalmente, durante a vida escolar e a vida nas creches e pré-escolas.

— de conviver com a família o prazer de uma experiência artística.

— de ter um sistema integrado entre a escola e as instituições artísticas e culturais, pois só uma interação contínua pode oferecer uma cultura viva.

— de frequentar e visitar museus, teatros, bibliotecas, cinemas e outros lugares de cultura e espetáculo, com as colegas da escola.

— de viver experiências artísticas acompanhadas dos professores, enquanto mediadores necessários para sustentar e valorizar as percepções de todos.

— a uma cultura laica, no que diz respeito às diferenças de identidade.

— à integração, se imigrantes, através do conhecimento e do convívio do patrimônio artístico e cultural da comunidade na qual vivem.

— a projetos artísticos e culturais, levando em consideração as diferentes habilidades.

— a lugares idealizados e estruturados para serem acolhidos em diversas idades.

— de atender a uma escola que seja o verdadeiro caminho de acesso para uma cultura ampla e pública.

— de participar das propostas artísticas e culturais da cidade, independentemente das condições sociais e econômicas a que pertence, porque todas as crianças têm direito à arte e à cultura.

Ser professora e ser professor significa um profundo compromisso com os conhecimentos (Mantovani e Perani, 1998) de toda natureza. E não apenas o conhecimento científico, mas também o artístico, principalmente, tratando-se da educação da pequena infância em que a educação estética se impõe. O conjunto de ferramentas didáticas adotadas nas escolas e apropriadas pelas professoras e professores, geralmente, não contempla a especificidade do educar-cuidar-brincar próprios da primeira etapa da educação básica em creches e pré-escolas onde estes(as) profissionais docentes não dão aula (aula aqui entendida como aquela convencional, transmissora de conteúdo escolar).

Destaco Quinteiro (2010) e seu grupo da UFSC que desenvolve pesquisas nos anos iniciais das escolas de Santa Catarina sobre *participar, brincar e aprender* no ensino fundamental. Temos aqui uma forte aliada da continuidade educativa das crianças na educação básica. Suas pesquisas mostram as várias modalidades de participação infantil e, portanto, apontam para uma forte crítica à formação docente que não contempla o cidadão de pouca idade e o descaracteriza como "sem luz", apenas como aluno. As crianças quando começam a frequentar a primeira série já tem cinco ou seis anos vividos como sujeitos de direitos, capazes de estabelecer múltiplas relações, são comunicadoras por excelência, produtoras e consumidoras de cultura. Na rua, às vezes até no trabalho, na creche e na pré-escola, as crianças estão produzindo no coletivo as culturas infantis e ingressam na escola obrigatória já construindo a cidadania (Faria, 2010).

A realidade das creches e pré-escolas brasileiras mostra que a formação docente tem uma lacuna em relação à arte. E indica a organização do espaço físico como elemento essencial para a pedagogia da educação infantil, onde se tem articulado o cuidado, a educação, a brincadeira e as especificidades desta fase da vida, na qual muitos(as) ainda não andam, não escrevem, não leem, não falam e, a cada dia, dominam aspectos de todas essas dimensões, modificando intensamente o corpo, os movimentos, as linguagens, as formas de comunicação, de pensar, de inventar, de imaginar, de descobrir, de maravilhar-se.

Como diz Nigris (2010), na palestra já mencionada e que compôs esse texto,

> [...] grandes cientistas, artistas e crianças partilham do mesmo sentimento de "estupor" e de "maravilha" que caracteriza qualquer grande "descoberta", qualquer "experiência de vertigem e de risco" permeada em cada aprendizagem inédita e profunda.

Finalizo com um exemplo de como a arte na formação docente proporciona uma postura questionadora que se coloca perguntas. Uma professora de pré-escola formada em Pedagogia fez um curso de produção de vídeo e, com suas crianças, realizou um filme registrando a produção das culturas infantis e nos mostrando as condições de produção favorecidas por ela mesma. Convidou colegas para falarem no filme; segue o texto com a sua parte falada.

Brincadeiras divertidas: brincadeiras proibidas

Nadia Massagardi do Rego

Primeira cena (criança no balanço)

"Não gosto de falar da infância. É um tempo de coisas boas, mas sempre com pessoas grandes incomodando a gente, interferindo, estragando os prazeres. Recordando o tempo de criança, vejo por lá um excesso de adultos, todos eles, mesmo os mais queridos, ao modo de soldados e policiais do invasor em pátria ocupada" (João Guimarães Rosa).

Beatriz Ruela: "Quando a gente permite que a criança brinque livremente sem impor um tipo de brincadeira que julgamos ser a mais correta no olhar do adulto, as crianças vão: elas criam, elas imaginam muito mais e rompem com esse modo pronto de brincar. Então, é muito diferente ir para um parque e 'vamos fazer uma roda e brincar de ovo choco'... Essa roda para brincar de ovo choco é uma roda já para ocupar o tempo da criança. Ela não tem direito ao brincar livremente, criar suas brincadeiras. Então eu tenho que ocupar esse tempo do parque: a criança tem com que se ocupar no parque, seja mexendo com a folinha da árvore, seja brincando com o colega, correndo, seja mexendo na terra, estando em contato com esse ambiente externo da natureza ou se é um espaço externo acimentado. De estar observando o que acontece ali e de estar se relacionando com as outras crianças e com o espaço. E quando a gente está nesse papel que muitos acham que é um trabalho de mediação né... Eu não sei se é mediação ou não... Nunca fiquei filosofando muito sobre isso... Mas quando o adulto tem essa intervenção no brincar, a gente interrompe esse processo que é da criança..."

Priscila: "É controlar a brincadeira mesmo, né..."

Beatriz: "Isso, controlar a brincadeira!"

Priscila: "Esse controle às vezes é até escolarizar a brincadeira. É como se o domínio da brincadeira estivesse nas mãos do professor. Então é sempre o professor no comando... Porque assim: propor uma brincadeira é colocar em circulação um repertório cultural que às vezes é do adulto, às vezes é de outras crianças... O problema está nesse excessivo desejo de controle mesmo, né... seja da brincadeira, seja do corpo, seja do tempo..."

Beatriz: "É ocupar o tempo da criança com alguma atividade que seja produtiva, o que é negar à criança o direito ao ócio, o direito de não fazer nada se ela não quiser."

Priscila: "É porque às vezes o olhar para a brincadeira é: eu vou, escolho uma brincadeira do meu repertório para ensinar determinadas coisas, como se a brincadeira também fosse um caminho para se chegar na construção de determinados aprendizados..."

Peterson: "Como é ter as crianças circulando em todos os espaços da escola, sem controle? [...] As crianças podem entrar na sala do diretor... As crianças podem entrar na lavanderia... As crianças podem entrar na cozinha. As crianças podem ir até o portão e conversar com o zelador. (elas têm...) Mas como é entender essa circulação das crianças sem aquele entendimento de que elas estão livres... a professora não está nem aí e deixou elas circularem simplesmente... Existe um porquê disso, né... Então tem toda essa provocação, porque é assim... não tem como, né... as pessoas estão acostumadas a uma ideia de escola e quando enxergam uma escola em que as crianças ficam circulando em todos os espaços, em que as professoras extrapolam o espaço da sala para fazer arte com as crianças, extrapolam os outros espaços... acham bagunça. (né... então...) É bem nesse sentido... Então, meu papel... eu diria que o meu papel como diretor é de provocar... é de provocação... É... eu acho que é provocar mesmo... Provocar esses adultos e adultas que trabalham nesse espaço da escola da educação infantil a pensar diferente. A pensar que não é bagunça, que bagunça é também uma coisa de construção de conhecimento, que o encontro das diferentes idades não significa que vai ter... que as crianças vão se machucar, que as crianças não vão respeitar... Pode até acontecer. Pode até acontecer de alguma criança se machucar... Mas isso tá sendo... isso não é bagunça... isso não é qualquer coisa... Isso tem um significado... tem um porquê disso."

Professora: "Bruno, você gosta mais quando você escolhe as suas brincadeiras do parque ou quando eu escolho?"

Bruno: "Quando eu escolho..."

Professora: "Quando o quê?"

Bruno: "Quando eu escolho...

Professora: "Quando você escolhe? E quando você pode escolher, do que você escolhe brincar?"

Bruno: "Eu gosto de brincar de..."

Professora: "De quê?"

Bruno: "De fazer casinha pra formiga... Eu já fiz uma casinha pra formiga... Eu fiz um buraquinho aí tava cheio de formiga... aí quando eu fui colocar o pé tava lotado de formiga..."

Professora: "Ah é? As formigas foram mesmo na casinha?

Bruno: "Foram."

Professora: "Fer, você gosta mais quando você escolhe as brincadeiras ou quando eu crio as brincadeiras?"

Fernando: "Hum... os dois!"

Professora: "Fer, você gosta de fazer coisas sem um adulto por perto?"

Fernando: "Uhum..."

Professora: "O que você gosta de fazer sem nenhum adulto por perto falando pra você?"

Fernando: "Brincar na rua e brincar com meu cachorro..."

Professora: "É?... do que você brinca na rua?"

Fernando: "Não... eu não brinco na rua..."

Bruno: "Brinca de jogar bola perto dos carros?"

Professora: "Bruno, quando não tem nenhum adulto por perto, você gosta? Quando só tem criança?"

Bruno: "Eu brinco com meu irmãozinho..."

Professora: "Você brinca? Do que você brinca com seu irmãozinho?"
Bruno: "De fazer casinha na terra... tem vez que nós sobe em cima da geladeira..."

Professora: "Quando vocês estão sem um adulto por perto, vocês fazem essas coisas?"

Fernando: "Uhum... é..."

Priscila: "A gente tem uma vontade de controle muito grande... E a gente... a partir do momento em que a gente permite que as crianças interajam e criem coisas entre elas, por mais que a gente queira, a gente nunca vai ter a medida exata dessa produção cultural... Então que a gente fique muito em paz e que a gente confie nas crianças..."

Priscila: "Eu acho que a escola incute uma... incute um certo sofrimento... Então é assim: é como se a gente tivesse que dar conta de tudo e se a gente não desse conta de tudo é como se a gente estivesse perdendo um olhar... alguma coisa que seja de extrema importância para uma avaliação do desenvolvimento da criança... E a gente não vai ter... Existe uma necessidade de poder, uma vontade de controle muito grande, que não faz sentido... Então é confiar nas crianças, saber que elas dão conta... E que muita coisa vai acontecer e que, por mais que a gente queira saber, elas não vão contar, porque também esse universo dos mistérios, dos segredos... (que às vezes a gente...) já vi várias experiências de me aproximar de um pequeno grupo, de eles olharem, darem uma risadinha e saírem... e procurarem um outro lugar para continuar conversando, tipo 'Prô, não adianta... essa conversa não é para você ouvir...' Então, acho que eles sabem também escapar da gente né... Eles têm muita sabedoria."

Narração final:

"O pensamento se desenrola como um tapete para trás no tempo. Retorno às primeiras sensações, primeiros anos, primeiros contatos... Qual a mais remota lembrança? Vendo alguns retratos de quando eu era bebê no colo de pai ou mãe, penso lembrar cheiros, o contato da pele, a força dos braços, mas pode ser ilusão. Talvez a memória mais antiga seja aquela: aos dois anos, pouco mais: calor, verão...só de calçãozinho curto... deitada no assoalho de tábuas claras enceradas... frescor de madeira contra pernas e peito... espio debaixo de um móvel... sempre aquela tentação de procurar o escondido: o desejo pela surpresa e o desinteresse pelo evidente demais. Poeira e sombra. Movimento rápido: vento num rolo de poeira e fios. Vou descobrir. Vou entender. Vou tocar aquilo que se move e ali me chama. Algo cintila no escuro: um caco de vidro? Um tesouro? Um olho me espiando? Eu sei, tenho certeza de que não é apenas um rolo de poeira e fios: está vivo e será meu. Mas quando o estou quase alcançando, chegam os passos rápidos da mãe onipresente e o encanto se desfaz: 'Levanta daí! Vai se sujar de novo, você acabou de tomar banho!' Queria a mãe sempre por perto, com seu rosto e sua atenção, mas também queria que me deixasse fazer em paz as minhas coisas. E eu estava sempre tentando... havia sempre uma surpresa a espera como um pacote num papel especial dizendo 'vem... vem... vem me desembrulhar...' Às vezes sou dócil e atendo à ordem da mãe, muitas vezes resisto, grito, esperneio: 'eu quero... eu quero... eu quero ficar assim quieta... quase alcançando...' Para aquela menina nada seria apenas sujeira embaixo de um móvel, mas um aceno, uma presença e uma voz" (Lya Luft, *Mar de dentro*).

Referências

FARIA, Ana Lúcia Goulart de. *Pré-escola e cultura.* 2. ed. São Paulo: Cortez/ Unicamp, 2002.

FREITAS, Marcos Cesar de. Apresentação. In: FARIA, Ana Lúcia Goulart de (Org.). *O coletivo infantil em creches e pré-escolas*: falares e saberes. São Paulo: Cortez, 2007.

GALLARDINI, Annalia. Parole raccolte. *Quaderni di Visioni di Futuri, Visioni di Teatro*, n. 8, 2009.

GUIMARÃES, Vicente. Joãozito: a infância de João Guimarães Rosa/Vicente Guimarães. 2. ed. São Paulo: Panda Books, 2006.

GUNNARSSON, Lars. A política de cuidado e educação na Suécia. In: ROSEMBERG, Fulvia; CAMPOS, Maria (Orgs.). *Creches e pré-escolas no hemisfério norte.* São Paulo: Cortez, 1994. p. 135-87.

LA BARACCA. *Carta dei diritti dei bambini all'arte e alla cultura.* Bolonha: Pendragon, 2011.

LUFT, Lya. *Mar de dentro.* 3. ed. Rio de Janeiro: Record, 2004. p. 20-1.

MALAGUZZI, Loris. As cem linguagens. In: EDWARDS, Carolyn; GANDINI, Leila; FORMAN, George. *As cem linguagens da criança.* Porto Alegre: Artmed, 1999. p. v.

MANFERRARI, Marina. Histórias são naus que cruzam fronteiras. In: GOBBI, M.; RICHTER, S. (Orgs.). Dossiê interlocução possível: arte e ciência na educação da primeira infância. *Pro-Posições*, n. 56, p. 51-62, 2011.

MANTOVANI, Susanna; PERANI, Rita. Uma profissão a ser inventada: o educador da primeira infância. *Pro-Posições*, n. 28, p. 75-98, 1999.

MASTIO, Tonina. Direito à beleza. In: CONFERÊNCIA, Faculdade de Educação. Campinas: Unicamp, 2002.

MIGUEL, Antonio. Percursos indisciplinares na atividade de pesquisa em história (da educação matemática): entre jogos discursivos como práticas e práticas como jogos discursivos. *Bolema*, Rio Claro, Unesp, v. 35A, p. 1-57, 2010.

______; VILELA, Denise Silva; MOURA, Anna Regina Lanner. Desconstruindo a matemática escolar sob uma perspectiva pós-metafísica de educação. *Zetetiké*, Campinas: Cempem/FE-Unicamp, v. 18, número temático, p. 123-95, 2010.

NIGRIS, Elisabetta (Coord.). *Le domande che aiutano a capire*. Milão: Mondadori, 2010.

______; NEGRI, Silvia Cristina; ZUCCOLI, Franca (Coord.). *Esperienza e didattica*: le metodologie attive. 2. ed. Roma: Carocci, 2009.

QUINTEIRO, Jucirema; CARVALHO DE CARVALHO, Diana (Orgs.). *Participar, brincar e aprender*: exercitando os direitos da criança na escola. Araraquara: Junqueira & Marin; Brasília: Capes, 2007.

REGO, Nadia M. do. *Brincadeiras divertidas*: brincadeiras proibidas, 2011. [1 DVD.]

ROCHA, Eloisa. As pesquisas sobre educação infantil no Brasil: a trajetória da Anped (1990-1996). *Pro-Posições*, n. 28, p. 54-74, 1999.

Sobre os Autores

ANA LÚCIA GOULART DE FARIA

Professora doutora da Faculdade de Educação da Unicamp. Desenvolve pesquisas na área de educação infantil e formação de professores. Possui vários livros publicados, entre eles *Educação pré-escolar e cultura: para uma pedagogia da educação infantil*, pela Cortez Editora; e *Sociologia da infância no Brasil*, pela Autores Associados.

EDITH DERDYK

Artista plástica, ilustradora, escritora e pesquisadora. Desenvolve pesquisas relacionadas ao desenho. Possui vários livros publicados.

ELISABETTA NIGRIS

Professora doutora da Universidade de Milão Bicocca (Milão, Itália). Atua na área de Didática, desenvolvendo pesquisas voltadas para a formação docente. Escreveu diversos livros, entre eles: *Dentro e fuori la scuola* e *Le domande che aiutano a capire*, ambos editados pela Mondadori.

GIANFRANCO STACCIOLI

Professor doutor da Universidade de Florença (Itália). Possui pesquisas na área de desenho e infância. Atua na área de formação de professores na universidade e como diretor do Cemea Itália (Centro de

Educação Ativa), que promove diferentes cursos e políticas de integração e formação. Possui diversos livros publicados ainda inéditos no Brasil, entre eles *Immagine fatte ad arte*, pela editora Carocci.

ISABEL MARQUES

Doutora em Educação pela Universidade de São Paulo. Há anos é diretora do Caleidos Arte e Ensino. Divulga a dança e seu ensino em cursos de formação de professoras e crianças. Possui vários prêmios na área e publicações, sobretudo pela Cortez Editora.

JUAN MATA

Professor doutor da Universidade de Granada (Espanha). Realiza pesquisas na área de literatura e infância e bibliotecas. Atua na área de formação de professores da educação básica, investiga a importância da presença da imaginação e da fantasia como componente na formação. Autor de livros e do *blog* discretolector, cuja função é disseminar a leitura.

MARCIA APARECIDA GOBBI (ORG.)

Professora doutora da Universidade de São Paulo, do departamento de Metodologia de Ensino e Educação Comparada. Realiza pesquisas na área de infância, em especial na educação infantil. Investiga linguagens infantis, merecendo destaque os desenhos e a fotografia. Atua na área de formação de professores. Possui obras e capítulos de livros resultantes de pesquisas sobre infância e linguagens.

MÔNICA APPEZZATO PINAZZA (ORG.)

Professora doutora da Universidade de São Paulo, do departamento de Metodologia de Ensino e Educação Comparada. Realiza pesquisas na área de Didática e formação de professores e gestores, em especial da educação infantil. Possui livros organizados em parceria com a professora Tizuko Kishimoto pela Artmed e sobre formação de professores pela Editora da Unesp.

Sobre os Tradutores

ITALIANO: Regina Celia da Silva: doutora em linguística pela Unicamp

ESPANHOL: Rosangela Dantas: professora da Unifesp e doutora em Língua Espanhola pela FFLCH-USP; Franklin Valverde: jornalista e doutor em Comunicação Social pela ECA-USP

REVISÃO TÉCNICA: Marcia Aparecida Gobbi: professora da FE-USP

LEIA TAMBÉM

▶ INFÂNCIA EM PERSPECTIVA: políticas, pesquisas e instituições

Fernanda Müller (Org.)

1ª edição (2010)

256 páginas

ISBN 978-85-249-1645-8

A obra apresenta uma diversidade de temas atuais para a compreensão da infância contemporânea e da vida das crianças, dentre eles: a participação, a escuta, a cidade, a família, a educação infantil, além de novas perspectivas teórico-metodológicas. Oferece aos pesquisadores e profissionais um conjunto de reflexões emergentes de diferentes campos do conhecimento em um exercício interdisciplinar.

LEIA TAMBÉM

▶ JOHN DEWEY E A EDUCAÇÃO INFANTIL: entre jardineiras e cientistas

Ieda Abbud

1ª edição (2011)

136 páginas

ISBN 978-85-249-1734-9

A autora oferece aos educadores e estudiosos da história e da psicologia da educação, uma pesquisa minuciosa sobre as ideias teóricas e as reflexões sobre as práticas educativas do importante filósofo e educador norte-americano John Dewey.